双面孔子

南方周末文丛

我们应该怎样对待传统

◎南方周末 编

南方日报出版社
NANFANG DAILY PRESS
中国·广州

图书在版编目（CIP）数据

双面孔子 ：我们应该怎样对待传统 / 南方周末编. — 广州 ：南方日报出版社，2013.9
ISBN 978-7-5491-0950-0

Ⅰ. ①双… Ⅱ. ①南… Ⅲ. ①中华文化－研究 Ⅳ. ①K203

中国版本图书馆 CIP 数据核字(2013)第 199471 号

双面孔子——我们应该怎样对待传统　　南方周末 编

出版发行：南方日报出版社
地　　址：广州市广州大道中 289 号
电　　话：（020）83000502
经　　销：全国新华书店
印　　刷：广州市怡升印刷有限公司
开　　本：787mm×1092mm　1/16
印　　张：14
字　　数：250 千字
版　　次：2013 年 9 月第 1 版
印　　次：2013 年 9 月第 1 次印刷
定　　价：30.00 元

投稿热线：（020）83000503　读者热线：（020）83000502

网址：http://nf.nfdaily.cn/press/

目录

CONTENTS

第一辑　谁识孔子

第二辑　何种儒家

第三辑　传统与现代转型

第一辑

谁识孔子

究竟怎样对待中国传统文化

■ 杜维明 袁伟时

仁、义、礼、智、信，应建立在自由、平等、民主、法治的基础上。否则，它只能为宗法专制服务。

——袁伟时：中山大学哲学系退休教授，中国近代史专家

在自由之外要带进公正。在理性之外，要带进同情、慈悲。在法治之外还有礼让。个人尊严以外，还有社会和谐。现代西方所代表的基本核心价值，是扎根在西方的普适价值，但同样有一些可以是扎根在中国、在东方的普适价值。

——杜维明：哈佛大学教授。他提出儒学的第三期发展，为儒学的现代转化开拓了国际视野

否定三纲，肯定五常?

子云（主持人）：袁老师觉得五四是对中国传统的创造性转化，而杜维明先生则认为五四把儒家的老底子都坏掉了，为什么?

杜维明：有点断章取义。我的观点是“继承五四”和“超越五四”。五四知识精英对儒家的创造转化有极大贡献。但对一种源远流长的文明全盘否定，把一个民族的没落，全归结在儒家文化头上，有些粗鲁。不能平心静气地判断传统核心价值的优质部分，就像倒洗澡水把孩子一起倒掉一样残酷。

当时的精英认为激烈批评传统文化，即能为学习西方创造条件，还认为西化了，就充分现代化了。今天，最普通的知识人也知道，这种极端心态必须超越。

袁伟时：新文化运动从1912年开始。蔡元培做教育总长，下令“小学读经科，一律废止”；“忠君与共和政体不合，尊孔与信教自由相违”，必须从教育方针中剔除；公民道德的全部要旨就是法兰西大革命揭示的“自由、平等、亲爱”。

它对传统文化不是全盘否定，只批判、否定传统文化中的“三纲”（君为臣纲、父为子纲、夫为妇纲）。杜先生曾提出，新文化运动应肯定仁、义、礼、智、信，我赞同，但想补充，五常的道德规范应建立在自由、平等、民主、法治的基础上。否则，它只能为宗法专制服务。

杜维明：我基本同意。我曾认为三纲是权威主义、等级主义、男性中心主义。王元化先生以前提倡新启蒙，晚年跟我说，不要轻易否认三纲。他说，陈寅恪在为王国维写的墓志铭里，说三纲六纪是中国文化最重要的价值，我很惊讶，要进一步思考。

我所了解的三纲是从《白虎通义》开始，并不是孔孟儒家最基本的价值，但五常毫无疑问是。三纲五常是双轨形式，父子有亲，君臣有义，夫妇有别，长幼有序，朋友有信。如，夫妇有别的那个“别”并不是差别，而是分别。以前男主外女主内，现在也可以女主外男主内。

《白虎通义》里，“君为臣纲”，并不只是说君是重要的，大半都是臣对君的不合理、不合情的行为做批判；“父为子纲”，也多半是子对父的批判；“夫为妇纲”，多半是妇对夫的批判，有很多要进一步考虑。

五伦、五常也是普适价值，西方的自由、平等、博爱、法治所代表的人文精神，和儒家的仁、义、礼、智、信所代表的人文精神，可以平等对话。

儒学要对一些糟粕，特别是从三纲引发的不合现代精神的东西，创造性转化。

现代文明与传统文化的张力

袁伟时：王元化对陈寅恪那段话的理解有问题。陈先生在《王观堂先生挽词并序》中明确说“吾中国文化之定义，具于《白虎通》三纲六纪之说……其所依托以表现者，实为有形之制度”，随着“社会经济制度剧疾之变迁，纲纪之说，无所凭依……亦终归于不可救疗之局”。

民国以来，很多知识分子想对三纲重新解释，有人把君为臣纲，解释为职业的忠贞精神，对上级的尊敬、尊重。非常勉强。现代社会的这种关系，人格、法律地位平等，与三纲格格不入。三纲确如陈寅恪讲，无可疗救。

现在的危险，是对传统文化过度美化。

每个古文明都有自己的贡献，17世纪后，汇合成为现代文明，它的代表者是西欧、北美。现代西方文明吸收了东方文明很多东西，包括伊斯兰文明、中华文明的精华。吸收了这些，它就缔造了一个文化高峰，就是“现代文化”。

信仰自由和言论自由是文艺复兴以来形成的现代文化的精粹；“不虞匮乏的自由”是社会主义精神；“免于恐惧的自由”总结了希特勒的国家主义，以及专政主义的负面教训。

传统文化在历史上的贡献应该肯定，但不能否定它有天生弱点。例如，虽有一些抗议精神，但制度上没有形成权力制约；没有形成法治精神，对经济自由也是压制的。结果，市场经济和现代社会制度在中国传统文化里发展不起来。再加上先秦诸子思维方法的弱点——缺少逻辑、实证精神，也发展不出现代科学。

这样，当东方社会转化为现代社会时，面临抉择：要不要接受现代文化？

知识阶层的一些人还在制造各种借口，来抵抗现代文明。

一个借口是反对西方中心论，认为人类文化是多元的。这对一个落后的东方国家来说听起来很舒服。

还有一个借口是不要拿现代西方文化同传统中国文化比。但是，现代文明是无法遮蔽的一面镜子。为什么两个不同体系的传统文明，一个自行转化为现代文明，一个却至今仍在蹒跚学步？

中国知识分子老想发扬儒家文化，不想将世界上的一切文化的精华吸收过来，创造新的思想。现在的主要问题在这里。

现代性大同小异

子云：袁老师最担忧的是权力站在儒家后面？

杜维明：这是你给他点出来的，他没讲，也许是这样。袁老师刚才讲的，很多地方我完全赞同，但也很多有保留。

确实不能把西化、现代化、全球化分裂，它们没有明显的疆界，不可能独立存在。现代文明是主流，但不是独一无二的。

1948年，文化哲学家卡尔·雅斯贝尔斯提出影响世界的四个典范人物，有苏格拉底（包括柏拉图和亚里士多德）、释迦牟尼、耶稣基督与孔子。在这个论述中，主要的精神文明包含犹太教、基督教、伊斯兰教的精神文明，印度的精神文明以及中国所代表的精神文明。

袁老师似乎把它们悬隔起来，认为现代文明的一个突出表现就是市场经济，还有法治、自由、个人的尊严。的确，这些价值是人类共享的，但不是静止的，需要不断发展。

人们常以中国文化中糟粕的糟粕与西方文化中精华的精华相比。中国文化的代表即是鲁迅所批判的阿Q精神、续妾、抽鸦片烟，而西方文化的代表则是自由民主和个人尊严。

这样比较，对中华民族的自信有非常大的摧残。一个民族要发展，尤其在危难中自救，除了政治、经济、制度建构方面的改变，还需非常深刻的文化乃至文化心理的建设。现在很重要的就是怎样使我们的心态改变。

我像牟宗三先生一样认为，一个民族自信心彻底丧失，它是无力的、无气的、无理的，一个失去自信的民族，要向西方学习真正有意义的东西，可能性太小了。在对传统文化进行非常强烈的批判时，一定要真正了解它的精华，把它的优质部分好好保护，批判糟粕与发扬精华相辅相成。

五四的精英们，对于真正继承、发扬传统并创造性转化传统的力度不够。甚至包括蔡元培。蔡元培要以美学代替宗教，把经学整个抛弃了。

要重新认识这个大难不死的传统。袁老师提的那几点，我有一些不同意见：

1. 袁老师说在整个中国传统中没办法发展出一个市场经济。马克斯·韦伯他们理解，中国的市场经济一度很蓬勃。比如宋代，国内及海上、陆上都有贸易。当然，它只是一个市场经济，不是资本主义。传统文化也发展出一些科学技术。一直到17、18世纪，一些中国的技术、科学跟西方比，不一定落伍。比如在生物、医学、农业技术，甚至官僚系统方面，都有长处。

2. 不应用现代的西方和古代的中国比，不应用西方最杰出的价值和中国最糟糕的价值比，有更好的比较方式，但我不是专家，不敢冒昧述说。

历史上，整个东亚社会，所谓儒教文化圈对西方吸引的力度一度非常大。这些大的文明能够充分现代化，确实在西方模式之外，有一条自己的发展道路。比如在日本、台湾地区或香港地区，或现在中国大陆沿海，确实有新的发展道路。

这个新的发展，与自由民主的发展有相契处，也有文化上不相契的地方。不能说台湾（地区）、日本、韩国不民主，它们都属于儒家文化圈。

3. 现代性是多元的。从袁老师的角度来看，这只是一个借口。但确实不能用几个主要普遍规律或基本因素，概括庞杂的现代性的独特性。

我们曾以为要把传统彻底消除，才能进入现代文明。其实，传统文化是塑造现代文明的基石，是背景，是“零”，它加在任何数字后面，都是十倍百倍的增加。如果德国没有强烈的日耳曼民族主义，或英国没有一种渐进的对宗教重视的过程，美国就没有市民社会，也无法形成现代的社会形态。日本、韩国、中国的路都有很大不同，越南也有所不同。

我的基本观点是，现代化的过程中，可能会出现不同的文化形式。以前讲古今中西之争，现在只是古与今的问题。不能把中国当作落后，西方当作现代。中国有现代有落后，有古有今。

中国能不能走出一条现代中国的独特道路，我不知道。我基本上赞成袁老师对西方的学习与理解还要更强的观点。即使现在，中国也还要深刻理解启蒙。

要注意的是，启蒙在西方又受到很多批评，包含女性主义、社群主义，还有像文化多元主义、宗教的对话，相当复杂。中国现在对西方现代性的理解，多半是过去50年西方发展之前的现代性，要注意最近的发展。

袁伟时：这样补充很好，讨论更加深入。但我想，各个民族的现代化，应该大同小异。基本方面大同，比如制度上不能不要市场经济，不能不要个人的自由、独立、民主、法治，但各个国家没有完全相同的具体形式。

不同文明之间有冲突，更需对话

袁伟时：现在，盲目的民族自大还非常厉害。有些解释太过勉强。比如碰到环保问题，就说天人合一是最好的解决环境问题的哲学基础。但现在最好的环保对策是在东方还是西方？环保观念也来自西方。

杜先生对民族自信的讲法，有一些问题。比如德国的民族自信就招来世界大战，它对于民族主义没有警戒；日本政治上没有现代化，招来军国主义，也是二战的元凶之一。

对东方来讲，还是民族主义阻碍接受现代文明，这是主要障碍。

有的人不恰当地美化传统文化，抗拒现代文明。有人美化墨子，说很多逻辑都在里面了；有的则说《易经》里面有现代性。

中国有民本思想，人人都承认。但它没有发展成比较系统的，有制度性的东西。杜先生讲，中国的宰相有相权，知识分子有批判精神，是接受了西方观念的人回过头去看，有夸大、美化。宰相只是棋子，皇帝要处理你，一句话就够了。

杜维明：极端的民族主义不是民族自信，两者有根本不同。纳粹的产生，不是来源于德国人的自信，而是产生于极端的民族主义。

现在西学的影响已经很大，传统文化的声音非常薄弱。语言就很明显。“政治”、“经济”、“社会”、“哲学”、“宗教”这些名词都是外来的。以前中国没有“哲学”，没有“社会学”，是从日本过来的。严复想把society译成“群”，比较符合传统，大家没接受。

但如果一天到晚在传统文化中找现代因素，也危险，我也不赞成。

西方文化、中国文化发展的过程，有很多值得比较。我认为，现在的时机已经成熟了，文明之间对话，已经有了气氛与基础。

我要补充，自由、民主、人权、法治这些观念都是现代不可或缺的，同时现代性面对21世纪的生态环保、精神的没落等问题，还要把很多的其他文明的价值带进来。在自由之外要带进什么呢？公正。在理性之外，要带进同情、慈悲。在法治之外还有礼让。个人尊严以外，还有社会和谐。

就是说，现代西方所代表的基本核心价值，是扎根在西方的普适价值，但同样有一些可以是扎根在中国、在东方的普适价值。

美国内部的民主制度比较完善，但国际间的政治民主制度根本没有建立，基本上是美欧说了算。我的朋友亨廷顿，提出“文明冲突”。他晚年说，如果文明有冲突，那文明对话更必要。西方文化人对自己文明的反思，在很多方面，比东方文化人更深刻，反思力更强大。

美国人对东方的了解非常缺乏，他们太傲慢，认为所有普适价值都在那边，不需要向我们学什么。他们今后会在文化层面出问题。十年二十年后，世界将是另一种格局。

“儒表法里”不成立

袁伟时：现在流行一个观点“儒表法里”，包括一些自由主义学者讲，儒家非常完美，不好的东西都是受到法家的影响。我认为这个观点不成立。

陈寅恪先生对儒家和传统社会制度的关系分析得非常透辟。他说：“李斯受荀卿之学，佐成秦治。秦之法治实儒家一派学说之所附系。《中庸》之‘车同轨，书同文，行同伦’（即太史公所谓‘至始皇乃能并冠带之伦’之‘伦’），为儒家理想之制度。汉承秦业，其官制法律亦袭用前朝。遗传至晋以后，法律与礼经并称。儒家《周官》之学说悉入法典。夫政治社会一切公私行动莫不与法典相关，而法典为儒家学说具体之实现。故两千年来华夏民族所受儒家学说之影响最深最巨者，实在制度法律公私生活之方面；而关于学说思想之方面，或专有不如佛道二教者。”（《冯友兰中国哲学史审查报告三》）

说得太精彩了！我怀疑不少“儒表法里”鼓吹者没有读过这个报告。

仁义礼智信是不是“习惯法”

杜维明：哈佛法学院有位韩国学生，叫咸在鹤，他的博士论文认为，儒家礼乐的观念和宪法很相似，在传统韩国社会，礼所起的作用类似宪法。礼有点像现代英美的习惯法。

子云：我对此有疑问。习惯法的前提是保障自由，保障一些基本权利，约定俗成而来。而仁、义、礼、智、信则是作为礼教，起源是官方的教化，逐渐沉淀下来，对某一阶层进行压制和管教，我认为不能叫习惯法。

杜维明：你讲的我大部分赞成，但你认为是压制、管教我不赞成。官方，包括皇帝都很受此限制。皇帝绝对没有隐私权，一言一行要求公正，压力很大。内朝和外朝官吏制度之间的抗衡非常重要。

在日本，官是公，私是对一般的人民而言。但在中国，官、私、公三者分开来。黄宗羲把官当作一个私欲集团。

如果认为中国整个古代文明都是专制的，认为知识分子没有独立性，这站不住脚。认为美国是一个完全自由民主的发展过程，也站不住脚。

子云：礼教不仅是伦理道德，还是一套制度规范。包括怎么下跪、怎样哭，女孩怎么笑……都很仔细，也固化成了制度，这一套不那么可爱。从三纲里找现代性的可能非常稀薄。

杜维明：你认为西方在前现代没有这一套吗？束胸、缠腰，比包小脚还要厉害。因为缩腰，有的20多岁就死掉了。不要总觉得东方的文明比不上西方的文明，不能有这种自卑心理。

对西方平等的观念，也要加以分析的欣赏。比如今天，美国两个最不平等的制度是大学和跨国公司。跨国公司主宰员工，大学校长主宰教员。

子云：跨国公司的总裁与普通员工有区别，主要是在人格平等上。

杜维明：毫无疑问，这是两个层面。但说到人格平等的价值，儒家传统里同样非常深刻。比如社会各有分工，但牺牲10%、5%的人为社会大众造福，也完全不符合儒家精神，所谓“行一不义，杀一不辜而得天下，皆不为也”。

我们从儒家那里继承什么，又该怎样继承

■ 易中天

三纲要不得，五常就要得吗

2010年12月2日《南方周末》刊登的《究竟怎样对待中国传统文化》，是一次重量级学者的对话。杜维明、袁伟时两位老先生，温文尔雅坐而论道，心平气和谈古论今，十足的大家风范，确实令人敬佩，也确实给人启迪。

不过恕晚辈直言，先生们的某些说法，恐怕还可以商量。比如两位先生都说，三纲要不得，五常可以有，我就觉得很可疑。民进党要跟陈水扁切割，都不容易，何况三纲跟五常？这两个，当年可没实行“AA制”，反倒俱为一体，共存共荣。它们之间，其实是纲目体用关系，即三纲为纲，五常为目；三纲为体，五常为用；三纲为皮，五常为毛。皮之不存，毛将焉附？三纲没了，五常还会有存在的合理性？

更何况所谓“五常”，本身就问题一箩筐。且不说董仲舒在孟子的“仁义礼智”之外再加一个“信”，是何等的不伦不类；也不说这五个字，是不是都能进行现代阐释，变成现代价值。就算是吧，那么可以拿出

来说，拿过来用的，又岂止“仁义礼智信”？比如“忠”，比如“恕”，比如“勇”，都不比“信”差。既然如此，整出个“仁义礼智，忠恕信勇”的“八常”，不行吗？为什么只能“五常”呢？又不是联合国。

所以，我真的想不明白，干嘛一定还要留着“五常”？也许，先生们对我们的文化传统太有感情了，总希望能保留和抢救多少，就保留抢救多少。因此，杜维明先生甚至提出，“儒学要对一些糟粕”进行“创造性转化”。

这又让我看不懂。没错，神奇可以化为臭腐，臭腐也可以化为神奇。这样看，糟粕也未必不能转化为精华。但是对不起，第一，这是道家的辩证法，儒家似乎不这么讲。第二，就算糟粕可以变成精华，也得先承认那是糟粕。第三，也不是所有的糟粕，都能变成精华。比方说，馊了的饭菜，怎样“创造性转化”？变成“脑白金”吗？

三纲五常，就是“馊了的饭菜”。因为以前，这玩意是可以吃的。我们中国人，也吃这一套，还吃了2000多年。不过，在汉代，它是“新鲜饭菜”；后来，是“家常便饭”。辛亥革命后，就变成了“剩饭剩菜”。加上又没放进冰箱，哪里还能再吃？那可是要拉肚子的。

五伦早已不伦

肯定五常，或许是因为要肯定五伦。原因，则大约因为君臣、父子、夫妇、兄弟、朋友，是传统社会五种最重要的人际关系，号为“五伦”，也叫“五常”。由此产生的道德规范和行为准则，就叫“人伦”。具体内容，是“父子有亲，君臣有义，夫妇有别，长幼有序，朋友有信”。这在杜先生那里，是被看作“普适价值”的。那么请问，君臣有义，还需要吗？不需要了吧！夫妇有别呢？杜先生说还要。因为这个“别”，不是差别，而是分别。比如以前是男主外女主内，现在也可以女主外男主内等等。

这又让我不明白。一个家庭，为什么一定要“有人主外，有人主内”呢？都主外，也都主内；或者因时、因事、因人而异，轮番主外主内；甚至有事“一致对外”，无事“共享天伦”，不分主外主内，不行吗？何况还有实行“AA制”，各人的内外自己主张，自己打理的，也没见天塌下来。“主外主内”的“夫妇有别”，究竟有什么必要？就算有，那也是家庭内部的分工，为什么要作为道德规范提出来？如果但有“分别”就关乎“道德”，那么请问，授精怀孕的“男女有别”，难道也是？

还有“长幼有序”，也成问题。大哥哥和小弟弟，为什么一定要有道德上的序列呢？兄弟姐妹之间的关系，为什么必须规范为“兄友弟恭”？平等相爱，就不行吗？我在家里就是老大，我一点都不觉得对两个弟弟，要摆什么哥哥的谱！

一个要不得（君臣有义），一个没必要（夫妇有别），一个很可疑（长幼有序），所谓“五伦”，岂非丢了半壁江山？这样的“半吊子”，岂非早已“不伦”？

所以我说，儒家的很多东西，恐怕都是“馊了的饭菜”。就算依照袁伟时先生提出的附加条件，把它们“建立在自由、平等、民主、法治的基础上”，怕也无法“起死回生”。何况能不能这样重建，也还难说。毕竟，诸如“五伦”之类，只是在传统社会才有意义。传统社会既已“无可奈何花落去”，传统道德又何必一定要“似曾相识燕归来”？

因此，某些已经死去的，比如三纲五常、三从四德等等，就让它

“死在沙滩上”，用不着再去“创造性转化”。我们需要继承的，只能是确有生命力的东西。

一个标准：共同价值

其实，儒学当中，可继承的东西很多，比如“仁”。

仁爱是儒家的核心价值，仁学是孔孟的卓越贡献。它的基础，是一种“人皆有之”，因此可以“不证自明”的“人性的善”，这就是“亲亲之爱”。既然是“亲亲”，那么，子女要爱父母，父母也要爱子女，这就是“对等相爱”。同样，亲兄弟要爱，堂兄弟、表兄弟、族兄弟，以及相当于兄弟的乡亲、同学、战友、少数民族和外国人，也要爱。这就是“顺序延伸”。于是，从纵向的孝和横向的悌出发，将心比心，推己及人，老吾老以及人之老，幼吾幼以及人之幼，就可以让世界充满爱。这是一个伟大的理想。

何况做起来也不难，不过“己欲立而立人，己欲达而达人”，或者“己所不欲，勿施于人”。这就是“忠恕之道”。这是行得通的。自己不愿意的，也不强加于别人，有什么难呢？就算没能力帮别人立，帮别人达，不嫉妒，不破坏，不阻挡，总做得到吧？

如果连这也困难，那么，还有“恻隐之心”作为底线。前不久，许多媒体相继报道了当年的红卫兵向被迫害者道歉一事，很让国人震撼。其实反过来想，如果那时他们能有“不忍之心”，又怎么会对老师和长辈恶语相加，拳打脚踢？也就没有后来的良心谴责和内心煎熬了。“于心不忍”这“一念之善”，岂非极其重要？

这就是孔孟的“仁学体系”。它有一个靠得住的基础（亲亲之爱），一个行得通的方法（忠恕之道），还有一条做得到的底线（恻隐之心）。靠得住，行得通，做得到，就不是“空中楼阁”，也不是“空头支票”，这很了不起。

不过更重要的，还在于仁爱作为儒家的核心价值，同时也是人类的共同价值，体现了人类共同的理想和共同的追求。事实上，东方与西方，过去与现在，没有哪个民族，会把仇恨当作核心价值观。因此，尽管孔孟仁学当时就遭人诟病（比如墨家的批判），后世也遭人质疑（比如五四的批判），也尽管它的某些具体内容，包括父慈子孝和兄友弟恭，仍不乏可以商量之处，但它的基本内核是合理的，也是可以继承的。

符合人类共同价值的，就弘扬之；不符合，就抛弃之。这就是我主张的取舍标准。

一个方法：抽象继承

有标准，还要有方法。标准，讲“继承什么”；方法，讲“怎样继承”。

那么，我们应该怎样继承？

照单全收是不行的，拿来就用是不行的，不加改造也是不行的。因为孔孟的所有思想、所有概念，都有时代的背景和历史的语境。比如“唯女子与小人为难养也”，就是在宗法制度的背景下说的。依照宗法制度，所有的贵族，包括天子之王族、诸侯之公族、大夫之氏族，都实行“嫡长子继承制”。嫡长子传嫡长子，世代相传，万世一系，是为“嫡系”，也叫“大宗”。大宗之子，世代为君，或为国君，或为家君。他们的儿子，就是“君子”，即“君主之子”。不是嫡长子的次子和庶子，分出去成为“小宗”。分到最后，最小的小宗，已经做不成贵族，只能做庶民，这就是“小人”，即“小宗之人”。

小人（小宗之人）在家族里，不能跟君子（家君之子）平起平坐。女人在家庭里，也不能跟男人平起平坐。这就叫“男尊女卑，嫡尊庶卑，君尊臣卑”。但是，大宗小宗，都是同宗；女人男人，都是家人。疏远女人和小人，他们当然要抱怨。这就是“远之则怨”。反过来，如果太亲近，他们又会没大没小，忘了规矩。这就是“近之则不孙（逊）”。亲近也不行，疏远也不行，所以说“唯女子与小人为难养也”。

毫无疑问，孔子这个说法，明显地带有性别歧视和阶级歧视的色彩。但是完整地看，却又有合理成分。什么合理成分？凡事都要有“度”。远了近了，都不合适。同样，快了慢了，多了少了，长了短了，也不合适。适可而止，恰到好处，才合适。

这就是中庸了。中庸作为思想方法，正如仁爱作为社会理想，都是孔子留下的宝贵遗产，可以继承，也必须继承。只不过，不能“直接继承”，不能“具体继承”，不能“全盘继承”。比方说，不能再讲“唯女子与小人为难养也”。那又怎么办？抽象继承，也就是把其中的合理部分抽离出来，不要“核桃壳”，只吃“核桃仁”。比方说，不要“为难养也”，而要中庸。

显然，这是一项挺费事的工作。看来，也许得把儒学“放进洗衣机，再加漂白粉”，冲了又冲，洗了又洗，一直洗成“灰色”为止。

一个途径：现代阐释

其实，儒家思想当中，有麻烦的不仅“唯女子与小人为难养也”。比如“亲亲相隐”（父为子隐，子为父隐），就同样麻烦。

毫无疑问，孔子的这个主张，很人性也很人道。因为父子、夫妻、兄弟、朋友、师生之间互相告发，其实是很野蛮的，更不用说抓起来严刑逼供了。因此，现代法学的主流意见，便认为近亲属可以“知情不报”。他们在法庭上，也有权提供有利于犯罪嫌疑人的证据，没有义务提供不利证据，甚至可以不出庭。这就是“免证特权”，已为许多现代国家的法律所采纳。可见，亲亲相隐，有着合理的内核，而且是符合人类共同价值的。

可惜，事情并没有那么简单。比方说，如果父亲是汉奸，儿子是八路呢？如果这父亲还带了日本鬼子来烧杀掠抢，甚至轮奸了儿媳妇呢？再比方说，纪检委的干部，手上掌握了儿子贪腐的材料，要不要交出去？不交，就违背了“执法如山”的组织原则。交，则违背了“亲亲相隐”的道德原则。请问，他又该怎么办？

也只有一个办法，即明确“亲亲相隐”是权利，不是义务。是义务，当八路的儿子就不能杀死做汉奸的父亲，当领导的父亲也不能举报有贪腐嫌疑的儿子。是权利，就可以选择。他可以“知情不报”，这是行使“免证特权”；也可以“大义灭亲”，这是放弃“亲亲相隐”。但不论行使和放弃，都是公民的权利，也是他的自由，而且是不可或缺的自由。

看来，“亲亲相隐”也好，其他什么也好，都不但只能“抽象继承”，而且必须“现代阐释”。这就要引进自由、平等、人权等现代观念，立足于公民权利、民主政治、法治社会等现代意识。有此“他山之石”，方可“如切如磋，如琢如磨”。事实上，穿越了2000年历史的儒家学说，原本只是锈迹斑斑的出土文物。只有经过现代文明的打磨和洗礼，才能放射出璀璨的光芒。墨家、道家、法家，所有诸子百家和传统文化，也都如此。

以共同价值为标准，抽象继承为方法，现代阐释为途径，我们大约就能解决“继承什么”和“怎样继承”的问题。此即所谓“愚者之得”，恳请杜先生、袁先生和诸位方家赐教。如有唐突，亦请海涵！

你可能不认识的孔子

■ 秋风

天安门广场旁边、国家博物馆西门竖立了一尊面向长安街、天安门的孔子雕像。此事很自然地引起人们对孔子的关注，以及争议。

毫无疑问，只要是中国人，只要上过小学，都认识孔子。但孔子是什么样的人？人们的看法恐怕高度分歧：

上了年纪、经历过“文化大革命”的人很可能以为，孔子是鼓吹复辟奴隶制的反动分子。

知识女性听到孔子，可能马上联想到“唯女子与小人为难养也”，会觉得他是个令人厌恶的男权主义者。

关心自由的人士听到孔子，很可能联想起“君君臣臣父父子子”，会认为孔子鼓吹等级制和专制。

热爱市场的人士马上会联想到“不患寡而患不均”，会认为孔子鼓吹平均主义，据说中国的平均主义观念和制度源远流长。

在过去十年中接受教育的年轻人很可能客气地认为，孔子是一个思想家、教育家，好像他鼓吹“和谐”，但他离这个时代似乎过于遥远而无干了。

我不敢说各位的联想、想象不正确，我也曾有过上面某些看法。

但这些年来研读《论语》，研究西周、春秋历史后，我形成了新认识。一幅全新的孔子形象逐渐浮现，这形象让我本人也大吃一惊。且容我向各位描述这位你也许非常陌生、从来不会想象到的孔子。

先理解封建制

欲理解孔子，必须正确地理解封建制。因为，孔子就生活在封建制开始松动的时代，而孔子的伟大之处就在于坚守封建的理念，并将其予以转换提升。

你肯定觉得奇怪。是的，理解孔子的前提就是忘掉你从课本中学到的“封建社会”概念。这也许是人类学术史上最离奇的一个概念。20世纪的理论家们所讲的封建社会，恰恰是古人所讲的封建的对立面。今人所讲的封建社会，恰恰出现在古人所讲的封建制崩溃之后，也即战国、秦。事情很明显：古人和今人中间，必有一个在撒谎。我当然相信古人，古人有什么理由欺骗两三千年后的我们?

古人早就说了，战国以后是郡县制，西周、春秋是封建制。查阅《尚书》《诗经》《春秋》三传灯文献，周人自己就是这样说的。

把封建定位在正确的时间坐标上后，我们就可以正确地理解封建了。这个事情太复杂，让我简单地概括我的研究结论：封建制借助一种最简单的人际关系单元组织了一个高度复杂、具有伟大的扩展能力的社会治理体系。

设想两个自由人面对面站着，一个人俯下身来对另一个人说，我把我的人身交给你，全心服侍你。是为臣。另一个人说，我接受你，也保护你，我赐给你一块土地作为你的报酬。是为君。周人把这个过程称为“策名委质”，如果是周王封建诸侯则叫“策命”。由此，这两人订立契约，形成君-臣关系。

这就是封建的基本治理单元。除了最高的君——周王和最底层的庶民，所有人同时是君和臣。举例来说，诸侯是周王之臣，又是大夫们的君。所有这些人都是通过契约方式相互建立起君臣关系的。

由此我们可以理解孔子周游列国的含义。孔子先祖是宋国的大夫，遭遇内乱，流亡鲁国。孔子虽生活于鲁国，但只要鲁侯未封赐他为大夫或委他以公室官职，他就与鲁侯根本没有关系。那个时候没有什么“爱国主义”，孔子之所以愿意定居鲁国，也许仅仅因为，周王室已经衰落，“周礼尽在鲁”。其实，孔子是自由人，他可以与任何诸侯通过订立契约，建立君臣关系。

封建君臣关系是自由人间订立的契约，这一点也决定了，君臣二人的权利—义务当然是不均等的，却是相互的。臣对君有义务，但君对臣也有义务。双方的权利—义务相互依赖。任何一方不履行对对方的义务，另一方可解除契约，甚至起而反抗。这被视为后者的一种权利。

在封建制下，所有人通过君臣契约联结起来，两个人可以扩展为“天下”，并可以无限扩展，包容看得见的所有人。在这个封建的天下，没有行政，没有政治，因而没有后世所崇拜的权力；在这里没有常备军，也没有税收。太不可思议了？但请相信我，我在这里说的每句话，都已有几万字的论证作依据。

美国一位史学家汤普逊曾说：“封建制度可能是人们的头脑所能想出的最合适的政体。”我同意这句话。中国历史上，建立了经典封建制的姬周王朝，持续800年，为时最久。这从一个侧面证实了封建制的精妙。而第一个现代宪政国家——英格兰的宪政制度，正是封建治理之道实现新生转换的结果。

复礼为什么

孔子的历史意义，也正在于，在王权专制即将降临华夏大地的时候，坚持封建的美好原则。孔子所设想的通往优良治理秩序的方案是“复礼”，也就是复封建。

一提到礼，有人马上想到吃人的礼教。但这个才是吃人的谎言。周代没有今天人们熟悉的法律，维系社会秩序的就是礼。这样的礼治也许是人类所能设想的最好的规则之治。

礼是什么？礼就是西人所说的法（law）。请注意，不是律。它们不是某个至高无上的人一次性制定出来的，而是在漫长历史过程中、通过实践自发形成的。其主要来源有二：第一，普遍的社会习惯，这也就是孔子说的“殷因于夏礼，周因于殷礼”的含义。第二，周的历代先王在封建诸侯时所发布的策命书和其他文诰，比如《尚书》所收的文献，被后人视为具有永恒约束力的先例，并且也转化成为习惯。

总之，礼就是习惯法。因此，礼就像空气，无所不在。自由人间的君臣关系主要靠礼来界定和维持。至关重要的是，礼制规则是客观的，所有人都平等地受它的约束，包括君。尽管君臣的权利是不均等的，礼却平等地约束君臣。

也因此，礼治就是自由的保障。礼为君对臣可以行使的权利划定一个界限，从而划出一片属于臣的自由空间。双方都可以根据礼向对方主张自己的权利，并自行寻找救济。其他人也可以依据礼向那些遭受损害者提供救济，惩罚侵害者。

如此礼治秩序类似于欧洲封建时代的法治秩序，而这正是现代法治的源头。孔子之主张复礼，要旨就是恢复保持封建的自由。

这里涉及礼与刑的关系。法家所谓的法主要是国王用来打击犯罪活动的刑律，这种刑律完全可能变成君主维持专制的工具。秦始皇果然以刑律进行严酷统治。礼却是整个共同体的财产，任何人都控制不了。孔子主张复礼，就是维持这种不受君主意志控制的习惯法之治。秦以后中国社会还保持了一些活力，就是因为，普通人民的生活主要不是由刑律，而是由人民中间自发形成的习惯法调整的。

有人也把儒家的治国思想说成“以德治国”，并据此排斥法治。但这显然是望文生义之说。礼绝不仅仅是道德规范，而是范围广泛得多的客观的规则体系。春秋时代，包括孔子所说的德，也绝不仅指道德。孔子时代最重要的德行是“忠”“信”。忠者，忠于契约所规定的义务；信者，信守契约。德不是简单地要人修身养性，而是要求各方，包括君，遵守契约和客观的规则。这样的德治，其实就是礼治，也就是客观的法治。孔子的“以身作则”也不过是说，君遵守规则，不破坏规则，臣也就会遵守规则，忠于职守。

君君臣臣的真义

与复封建相关，孔子主张“正名”，也就是让很多现代人不满的“君君臣臣”云云。关于这一点，《论语·八佾》中孔子说过一句意思更为清楚的话——定公问：“君使臣，臣事君，如之何？”孔子对曰：“君使臣以礼，臣事君以忠。”这是对封建君臣关系的性质最为精准的概括。

孔子所说的“礼”是习惯法，它明确规定了臣对君的义务，也明确了这一义务的限度。君只能在此限度内要求臣。归根结底，这里的“忠”，不是忠于君本人，而是忠于契约所规定的义务。

一旦君对臣的命令超出了礼所划定的合宜性之范围，臣就可以拒绝履行。孔子这句话后面其实还有一句潜台词："君使臣不以礼，臣事君不以忠。"如果君超出法律规定的范围强行对臣主张某种权利，臣完全可以拒绝。如果君侵害臣，臣完全可以拿起武器反抗。

孔子的言外之意，孟子后来十分清楚地说了出来："君之视臣如手足，则臣视君如腹心。君之视臣如犬马，则臣视君如国人。君之视臣如土芥，则臣视君如寇雠。"这样的君没有履行君的职守，也就丧失了君的名分。人民推翻桀、纣，乃是"诛一夫"，人民是按照礼制处死践踏了与人民订立契约的那个人。

因此，按照封建原则，领主怎么样对待封臣，封臣就可以怎么样对待领主。封建君臣关系的这一基本伦理恐怕正是孔子所树立的"己所不欲，勿施于人"这一儒家根本原则的社会背景。孔子将理想的封建君臣关系予以抽象化、普遍化，确立为处理所有人际关系的一般性伦理原则。

因此，君君臣臣的含义与今人所误解的正好相反，它强调：君与臣民之间是契约关系，而非命令—服从关系。如果君对臣民提出契约之外的要求，臣民可以拒绝；如果君侵害了臣民的权益，臣民可以反抗。这种反抗必然会得到上天的支持，因为"民之所欲，天必从之"，这是儒家天道主义信仰的根本要旨。因此，儒家既是保守的，但也具有革命倾向。

打开平等之门

作为孔子最重要思想贡献的仁，也与封建的君臣关系有一定关系，但孔子对其作了平等主义的超越。

封建君臣双方的权利—义务是相互的，彼此都把对方当成自由而有尊严的人来看待，相互以礼相待，尊重对方的权利，履行对对方的义务。而《中庸》所记孔子的一句话最为精练地呈现了“仁”的内涵：“仁者，人也。”汉代大儒郑玄注曰：“人也，读如相人偶之人，以人意相存问之言。”也即，人相互把对方当成人对待。

由此也立刻可以看出，孔子突破了特定的君臣关系，而从“人”的角度讨论“以人意相存问”。孔子希望所有人对待所有人都以对方是跟自己一样的人那样。经由这样的转换，平等之门被孔子打开了。

阿克顿爵士说过，封建制是自由的，但有一个与生俱来的缺陷：等级制。孔子坚持复礼，也即坚守封建的自由。但他也意识到礼制的等级性，并注意到有人利用强势地位强制他人。因而，孔子同时提出仁的理念，把所有人置于一般的人的地位，从而，自由的人也获得了普遍的平等。

孔子的思想结构类似于17世纪初的英格兰普通法法律家，他们对大宪章所确立的封建的自由进行阐释，把作为贵族之特权的自由，变成了所有人均可平等享有的自由。当然，人们立刻会提出两句话，证明孔子或者儒家坚持等级制。

首先是《论语》中的“民可使由之不可使知之”。这句话通常标点为“民可使由之，不可使知之”，其意思当然是鼓吹愚民政策。但其实，这句话应标点为“民可使，由之；不可使，知之”，或为“民可，使由之；不可，使知之”。郭店楚简《尊德义篇》中几句话正好为此做了注解：“尊德义，明乎民伦，可以为君。”“民可使道之，而不可使智（知）之。民可道也，而不可强也。”“凡动民必顺民心，民心有恒，求其永。”民自有其意，意愿和意志，君必须秉持民意而行。如果君把自己的意志强加于民，强民所难，就会成为人民的敌人。所谓“知之”，就是教养之。这与《论语》重“教”、重“学”的精神相一致。

证明孔子主张等级制的另一依据是《礼记·曲礼》中的一句话：“刑不上大夫，礼不下庶人。”礼仪是繁琐的，也需要各种物品。庶人花费不起，所以不能要求庶人履行这些礼仪。至于刑不上大夫，意思只是说，对大夫不能仅靠刑罚来治理，首先应当以礼仪约束他们。而一旦他们违礼，也照样予以惩罚。古史清清楚楚地记载贵族被流放、被关押、被判处死刑的事情。

由此可以看出，说孔子愚民、歧视，均源于对孔子的话语断章取义，而罔顾孔子思想的基本结构。仁和礼是孔子观念的核心，仁的根本含义是人人平等相待，孔子也在实践这一点，这就是“有教无类”。

自由学术的创造者

人们常常说，孔子让学术流入民间。其实，在孔子之前没有专业的学术。

封建时代的君子都是通才，拿起剑戟可以打仗，放下武器可以管理领地，还可以在聚会场合吟诗赋乐。那个时代已经有了周易、诗、书等经书，但没有人想到从事学术活动。上古的文献构成礼法，它们是贵族的生活本身，而不是研究的对象。

因缘际会，孔子创造了学术。孔子一直寻找参与封建治理的机会，最终学术成为他的志业。孔子有意识地整理上古文献，不是为了自家的治理，而是为了传承文明。他对实践中的礼法进行了思考，由此创造出了带有哲学色彩的思想。在整理文献和论述思想的过程中，他创造出了学术。

教育也就随着学术而诞生了。拜封建制之赐，孔子所从事的学术和教育事业都是自由的。在封建制下，每个人通过君臣契约，被礼制划出一片自由活动的空间。在这个空间内，他的活动不受干预。没有人会疯狂到去干预别人的事情，只要别人没有违反礼法。孔子就拥有这样一个空间。

生活在今天的中国人，想象孔子的活动，就会感叹，那是一个奇迹。孔子可以自由地收集文献，整理文献。孔子可以自由地收留弟子，教育弟子。他的所有这些学术、教育活动，没有受到过任何人的干预。孔子可能是落魄的，但他是自由的。

于是，孔子的身上渗透着自由。他也对这个自由进行了反思与抽象。自由让孔子的生命力向上而挺拔，让他雍容而温和，自由让孔子天真而纯粹。其实，在春秋时代有很多这样的君子，孔子最为典范。今人如欲寻找理想人格的典范，孔子就是。

孔子的典范，也让中国的学术和教育事业从一开始就带上自由的基因。秦始皇与法家后来共同开创了一个消灭学术与教育专制的专制政治传统。秦以来的中国历史就是这两个传统互搏的历史。真正的儒者，比如汉初大儒、宋代程朱等大儒、明代的王阳明，近代以来的康有为、梁启超、梁漱溟等先贤，均坚持儒家的自由学术与教育传统。正是这一传统，让中国文化在2000多年专制压抑下，依然保持了一线生命。

民间社会的构造者

孔子通过自由办学，也创造出了中国历史上第一个民间社会。

封建的治理秩序是没有政府与社会之分的。准确地说，在孔子之前的时代，政府和社会这两样东西都不存在，因而也就不存在政治，不存在权力这样的东西。

到孔子时代，封建秩序严重松动。有些强势大夫开始具有权力意识、政治意识，他们开始从事构造政府的工作。这些努力在孔子之后持续，到战国时代，中国形成了王权制政府，出现了官僚制、郡县制——这些东西不是到了秦始皇时才有的。

熟悉现代历史的人们都会知道，一旦政府出现，则人民为了保卫自己，就必须构造社会。如果出现了一个政府，而人民处于原始状态，那就不可能对政府的权力构成约束，政府就可以为所欲为，人民必然成为权力的工具。人民要保卫自己，就必须组织起来。人只有组织起来，结成会社，才形成社会。社会就是会社的联合体。

在春秋战国时代，由于工商业不够强大，没有有效组织起来，并没发展出欧洲的“市民”社会。万幸的是，有孔子，有孔子创造的学术和教育，中国出现了另外一个社会，这就是儒者、士人组成的会社。

在此后2000多年历史中，坚持孔子理想、具有道德理想精神的真儒者，活跃在政府之外，他们思考“道”，维持着一个判断权力之正当性的超越性标准。他们“志于道”，成为专横权力的批判者、抗争者。概括而言，他们构成了一股宪政主义的力量。这些历史说来话长，就此打住。

从上面几个角度重新发现了孔子之后，我相信了古人的说法：孔子是圣人。他是今人思考和追求人的尊严与优良治理的出发点。今人当然应保持开放心态，可以借助新知走出很远，但若没一个中国的、稳固的出发点，这一切都是不可能的。

这样的“孔子”不离奇吗

——与秋风先生商榷

■ 易中天

君臣，是“契约关系”吗

最近，读了秋风先生的一些文章，比如《你可能不认识的孔子》（2011年1月24日《南方人物周刊》）。总的感觉，是秋风先生对先秦政治史和思想史，有着自己独到的见解。这些见解很睿智，也很深刻，确实振聋发聩，引人深思。遗憾的是，有些话说过头了，有些话说太满了，还有一些则纯属想象，近乎神话。结果，在秋风先生那里，便高论迭出，也怪论迭出；妙论迭出，也谬论迭出。

比如秋风先生将教科书上的“封建社会”，称为“人类学术史上最离奇的一个概念”，我就完全赞成。什么叫“封建”？简单地说，就是天子分天下为若干“国”，指定国君（诸侯），世袭；诸侯再分“国”为“家”，指定家君（大夫），也世袭。前者叫“封土建国”，后者叫“封土立家”，合起来简称“封建”。这样的制度，就叫“封建制”，也叫“邦国制”。西周、东周、春秋，都是邦国时代。战国，是"半邦国时代"，即"帝国的前夜"。秦汉以后，进入帝国时代，不再"封土建国"（个案例外），怎么还会是"封建社会"？笑话！

不过，秋风先生说，封建时代（即邦国时代）的君臣，是自由人之间订立的"契约关系"，恐怕就更离奇了。众所周知，契约，是立约双方根据自己的真实愿望和自由意志，进行自由选择的结果。这里说的"自由"，包括以下内容：一、他可以选择与张三订约，也可以选择与李四订约；二、他可以选择订约，也可以选择不订约；三、订约以后，如果双方同意，还可以解约。那么请问，比如孔夫子，能够做这样的选择吗？

秋风先生认为可以。因为孔子可以选择鲁公为君，也可以选择其他诸侯，比如齐公或卫公。这种选择是双向的、自由的。选择以后的君臣关系，也是可以解除的。比如孔子到齐国找工作，齐景公原本打算聘用他，后来又反悔，孔子也就回国，谁也不欠谁的。又比如阳虎要孔子出来做官，孔子不肯，阳虎也没办法。再比如，孔子受聘于卫出公，但一言不合，就离开卫国，同样谁都不欠谁的。这样看，秋风先生的说法，并非没有道理。他说孔子那会儿，没什么"爱国主义"。孔子愿意定居鲁国，多半因为"周礼尽在鲁"，也对。

但我们不要忘记，孔子不讲"爱国主义"，是因为他讲"天下主义"。天下，才是他心之所系。实际上，当时在"家"（大夫领地）、"国"（诸侯领地）之上，还有"天下"；在家君（大夫）和国君（诸侯）之上，还有"天子"。天下才是最大的"国"，天子才是最高的"君"。你可以不爱鲁国，却不能不爱天下；你可以不臣于鲁君，却不能不臣于周王。毕竟，普天之下，莫非王土；率土之滨，莫非王臣。孔夫子，他能够选择不做"王臣"吗？伯夷和叔齐，不就因此才饿死在首阳山吗？那可不能叫“自由选择”，只能叫“死路一条”。

由此可见，封建时代（即邦国时代）的君臣，从根本上讲是不可选择的。不但周天子与周臣民，就连许多次一级、次两级、次多级的君臣关系，也都不可选择。我们要问，君臣关系的社会基础、理论基础和心理基础是什么？父子。君如父，所以叫“君父”；臣如子，所以叫“臣子”。没有“父父子子”，就没有“君君臣臣”。请问，父子是契约关系吗？当然不是！父子关系是可以选择的吗？当然不能！那么，以此为基础的君臣关系，难道就可以选择？当然也不能。别忘了，封建制，是由宗法制来维系的；而宗法制的核心，则是“嫡长子继承制”。有继承权的，就是君；没有的，就是臣。家、国、天下，都如此。君臣关系，几乎刚一生下来就规定好了，根本就没得选。

更何况，周天子也并非天下人之所选举。他的王位，他的天下，都是他按照“丛林原则”，用拳头硬打出来的。这就是众所周知的“伐纣战争”，秋风先生莫非也要否认？当然，战争结束以后，周天子确实跟各路诸侯订了盟约。诸侯们奉他为“天下共主”，他则为诸侯们“封土建国”。但这决非自由选择的结果，毋宁说是政治妥协的产物。因为参加“伐纣战争”的，不但有周武王的兄弟子侄，还有非姬姓的其他部落和部落国家。他们都要分享胜利成果。就连战败国（殷商），也要安置。周武王自己，又没秦始皇那么牛，可以一口吃了那胖子。这就只能“排排坐，吃果果”，只能“以土地，换和平”。说得难听一点，这跟黑社会的坐地分赃，其实没什么两样。与法治社会之契约，其差别更不能以道里计。秋风先生以契约精神说君臣关系，岂非“猴吃麻花——满拧”？

礼治，是“自由的保障”吗

由于把封建（邦国）时代的君臣，看作自由人之间的契约关系，秋风先生进而宣称“礼治就是自由的保障”。理由，是认为“礼为君对臣可以行使的权利划定一个界限，从而划出一片属于臣的自由空间”。

这话看起来很有道理，其实大可商量。没错，西周、东周、春秋，臣与臣民，确实有较大的自由度。比如诸侯如何治国，天子是不管的。大夫怎样齐家，诸侯也不管。但这固然是盟约所定，更是情势使然。那么大一片土地，以当时的条件，周天子就算想管，恐怕也鞭长莫及。何况某些诸侯，比如楚人，原本就有自己的地盘。他们的国家，其实是自己建立的。周王的“封建”，实在是“顺水人情”。那好，既然管不了，不如“抓大放小”。只要诸侯们承认他的“共主名分”和“至尊地位”，也就拉倒。剩下的事情，不妨让各人自己打理。至于各国诸侯与大夫，原本就是一家子，自然也不难做到“君臣共治”和“家国自治”。

显然，封建也好，礼治也好，“划出自由空间”也好，都是妥协的结果，而妥协的前提是实力。周天子实力最强，却又没有强到可以独吞天下的程度。这才制定出一个既“利益均沾”，又“尊卑有序”的方案。这就是“封建制度”。要维护这个制度，并保证大家彬彬有礼、客客气气地和平共处，就必须有游戏规则，也必须有贵族精神。这又有了“礼乐制度”。至于领地、爵位、血统、财产的继承，则依照“宗法制度”。这就是西周三大制度（宗法、封建、礼乐）的秘密，也是周王朝延续800年之久的秘密。

可惜，君子之泽，五世而斩。等到周王室衰败，维持秩序的，就只能是诸侯中的“超级大国”。这就是“春秋五霸”。再等到周王室威权尽失，“超级大国”就纷纷变成“独立王国”。这就是“战国七雄”。这个时候，礼也坏，乐也崩，天下大乱，诸子蜂起。最后，孔夫子“批判的武器”，还是挡不住秦始皇“武器的批判”，封建制也就让位于郡县制，邦国制也就让位于帝国制。奇怪吗？不奇怪。

当然，我们应该承认，周人的三大制度，很高明，很智慧。而且，正是因为有制度的保证，这800年才成为后世几乎无法企及的黄金时代，留下了许多让后人津津乐道、羡慕不已的东西。其中，就包括秋风先生激赏的“自由空间”。

这无疑是值得肯定的。问题是，享有这“自由空间”的，难道只有实行礼治的西周、东周和春秋？未必。事实上，即便在汉代以后的帝国时代，民间仍有相当的自由。老百姓们只要缴税完粮不造反，统治者并不会去干预他们的生活。政令行使，止于县级。县级以下，乡民自治。农林牧副、婚丧嫁娶，甚至简单的民事纠纷，都由他们自己打理，岂能没有“自由空间”？完全没有的，也许只有商鞅变法之后的秦公国、秦王国和秦帝国。

或许秋风先生会说，这正是拜礼治传统所赐呀！就算是吧，那也有限。比方说，婚恋的自由，礼治就不会给你。父母之命，媒妁之言，那是不可逾越的雷池。但在法治社会，自由恋爱，简直就天经地义。法治给予我们的空间，岂非更大？

原因也很简单。礼治，是自上而下维护统治秩序的；法治，则是自下而上保护公民权利的。因此，法治不会介入私人空间，只会限制政府权力。也因此，法治有两条原则，一条叫作“凡是法律没有规定不能做的，就是公民可以做的”，另一条叫“凡是法律没有规定可以做的，就是政府不能做的”。显然，依照法治精神，公民的自由度，应该比政府大。那么请问，礼治会有这样的精神吗？周公也好，孔子也好，会主张臣民比君主更自由吗？既然如此，我们还能说，周代的礼治是“人类所能设想的最好的规则之治”吗？真正能够给予自由以保障的，只能是法治啊！

当然，我说的，是现代意义上的法治，不是法家主张的那个。

孔子，开启了“平等之门”吗？

事实上，礼治有一个先天的致命伤，那就是它必须维护等级制度。这可是没有办法的事情。因为礼乐制与封建制、宗法制，是“三位一体”的。甚至，它的功能，就是维护封建制和宗法制。而我们知道，封建制也好，宗法制也好，都是等级制。依照封建制，人分三等：贵族、平民、奴隶；贵族又分四等：天子、诸侯、大夫、士；诸侯也分五等：公、侯、伯、子、男。依照宗法制，贵族的配偶分两等：妻和妾；儿子也分两等：嫡子和庶子；嫡子又分两等：嫡长子和次子。所有这些，都得靠“礼”来规范和维护。比方说，平民男子成年以后，只能戴头巾，叫“帻”。贵族才能戴帽子，叫“冠”。贵族当中，士的规格又最低，只能加冠，不能加冕。天子、诸侯、大夫，才有资格“冠冕堂皇”。这就是礼。又比方说，天子的乐舞，八佾（八人一行，站成八行；或两人一行，站成八行）；诸侯，六佾；大夫，四佾；士，二佾。这也是礼。所以，季孙氏大夫家使用了天子规格的“八佾”，孔子就说“是可忍孰不可忍”（《论语·八佾》）；子路要用诸侯的规格给孔子治丧，也遭到孔子的痛骂（《论语·子罕》）。这并不奇怪。孔子终其一生，都在极力维护和复兴周礼，他怎么能容忍“僭越”？

那么请问，这样的孔子，会主张平等吗？

没错，孔子确实是用“仁”这个概念，重新对“礼”进行了阐释，甚至改革。孔子的仁，也确实有“把人当人”，即“人其人”的意思。但，所谓“把人当人”，只不过是“不能当牲口”。比方说，反对“人殉”（用活人殉葬）和“人牲”（杀人做牺牲）。甚至就连用人形俑殉葬，孔子也反对，谓之“始作俑者，其无后乎”（《孟子·梁惠王上》）。这无疑体现了一种素朴而伟大的人道主义精神，却丝毫不意味着他反对等级制度，因为“人分九等”和“把人当人”并不矛盾。比方说，君子和小人，都是人。你不能把小人看作“非人”，却也不能看作“大人”。这就正如嫡子和庶子都是儿子，嫡庶之别又不能不讲。既承认大家都是人，又区分亲疏、贵贱、长幼、尊卑，才是儒家之“仁”。既主张人道主义，又维护等级制度，也才是儒家的理念。儒家，怎么可能开启“平等之门”？

实际上，儒家的“仁爱”之所以遭人诟病，就因为这种爱，是有差别、有等级、不平等的。主张人与人之间平等相待、平等相爱的，是墨家。那种无差别、无等级、都平等的爱，则叫“兼爱”。如果兼爱和仁爱都是平等的爱，如果“仁的根本含义”真像秋风先生所说的那样，是“人人平等相待”，墨家何苦要反儒？

很清楚，开启“平等之门”的，只可能是“非儒家”（包括墨家、道家、法家），孔子则只能在这扇大门前徘徊、犹豫、纠结。是的，作为当时最伟大的思想家，他不可能一点都意识不到平等的重要性。要知道，那可是人类的共同价值。但是，作为封建礼治最坚定的捍卫者，他又不能不维护等级制度。这是他无法克服的内在矛盾。

何况孔子还有一道无论如何也迈不过去的坎儿，这就是“君臣父子”。君臣父子，尤其是君臣，怎么会是平等关系，又怎么可能平等呢？变成“哥们”吗？秋风先生说，是平等签约的双方。哈，那又何必叫“君臣”，叫“甲方乙方”得了！

其实就连秋风先生，也不得不承认一个事实，即“称臣必须俯首”。用他的原话说，就是“一个人俯下身来对另一个人说，我把我的人身交给你，全心服侍你”。这，难道还是平等？所以，孔子也只能提出，君臣虽不平等，却必须对等。君不能只有权利，没有义务；臣也不能只有义务，没有权利。至少，你得客客气气，我才兢兢业业，也就如此而已。这离“平等之门”，只怕还远着呢（孟子离此门比孔子更近，暂不讨论）！

更何况，我实在无法想象，在一个人人平等的社会里，有哪个真正自由的人，会心甘情愿地向另一个人叩首称臣。反正我是不会的。我宁可没有那赐予的土地，宁可一无所有地四处流浪，哪怕“冬天的风啊夹着雪花，把我的泪吹下”！

走出概念牢笼，温情对待传统

——与易中天先生商榷

■ 秋风

2011年1月20日，《南方周末》刊发易中天先生针对杜维明、袁伟时两先生对话《究竟怎样对待中国传统文化》撰写的批评：《我们从儒家那里继承什么，又该怎样继承》（以下简称《继承》）。易先生依据自己对儒家若干观念的理解，向身处于深度精神迷茫之中的当代国人，推荐了一个在现代语境中处理儒家价值、观念传统的方案：以共同价值为标准，抽象继承为方法，现代阐释为途径，以解决“继承什么”和“怎样继承”的问题。

这方案听起来相当耳熟，看起来相当完美。但恕我直言，这个方案充满了现代人的傲慢，这样的傲慢将让中国人无法完成现代文化与精神秩序的构造工作。

本拟对此提出批评，因忙于研究，半途搁笔。近日，易先生发表《这样的“孔子”不离奇吗》，针对拙作《你可能不认识的孔子》（以下简称《孔子》）就孔子作出的几乎每一个判断，均提出质疑。其中牵涉诸多关于古典中国历史、儒家理念源流的具体问题，如——

回答，需几大本书——这也正是笔者目前研究的主题。而易先生该文与前文具有共同的思考取向，而这样的思考取向在现代中国十分盛行，严重妨碍国人以开放心态对待传统。本文也就针对这一点略作议论。

历史主义的傲慢

文明特殊论可以敞开胸怀拥抱现代化，而对传统采取决绝的封闭态度。

通观《继承》一文，或可确定，易先生立论的哲学基础大体上是历史主义。比如他说：孔孟的所有思想，所有概念，都有时代的背景和历史的语境。儒家的很多东西恐怕都是“馊了的饭菜”。某些已经死去的，比如三纲五常、三从四德等等，就让它“死在沙滩上”，用不着再去“创造性转化”。

这样的话，在过去大半个世纪出品的历史、哲学史、思想史著述中，随处可见，它几乎是所有知识人谈论历史人物、古代观念的口头禅。因为，过去一个世纪，国人一直在接受历史主义哲学教育。

这种历史主义绝非新事物，法家早有阐述。《商君书》开篇即提出作为法家变法理论的哲学依据：“前世不同教，何古之法？帝王不相复，何礼之循？伏羲、神农，教而不诛；黄帝、尧、舜，诛而不怒。及至文武，各当时而立法，因事而制礼。礼法以时而定，制令各顺其宜，兵甲器备各便其用。”新时代需要新法律、新制度，为此必须毫不犹豫地抛弃、摧毁旧法律、旧制度。

我相信，绝大多数国人会觉得，这些话正确、精彩。只不过，接下来的一段话便露出了杀机：“夫常人安于故习，学者溺于所闻。

此两者所以居官守法，非所与论于法之外也。”制度乃是因时而变的，没有任何恒常性，因而也就没有任何客观性。因此，法律、制度就是工具，作为立法者的统治者则在律法之外。统治者可按照自己对“时”、对“事”的理解，废除此前全部法律，全盘重订法律。中国在20世纪所发生的巨大变化，无不源于此观念。

这也正是易先生对待观念、对待传统的逻辑。按照历史主义，人的思想不过是他们所处环境的产物。所以，在先生论述中可以感觉到，思想、观念本身并不那么重要。也正是这样的认知决定了易先生对传统思想、观念的轻浮态度：他们的时代早已灰飞烟灭，他们的理念能有多大价值？为了要在新时代更好地生活，我们需要全新的价值、全新的观念——历史主义一转身就是进步主义。

事实上，按照易先生的历史主义，不光是孔孟，所有人所提出的所有思想、概念，其实都有其特定的时代背景和历史语境，包括易先生所心仪的现代价值。也因此，它们根本就没有普遍性和客观性，而都是个别的。但易先生显然又坚持现代价值的普遍性和永恒性——这未尝不是自相矛盾。

或许可以说，这种看似坚持普遍主义的历史主义，不过是一种很特别的文明特殊论。文明特殊论可有两种表达方式。在全球化时代常见的方式，是从空间上进行区隔，宣称我们民族的文化不同于你们民族、不同于其他所有民族的文明。这种文明特殊论通常会造成一种自我防卫的守旧主义。另一种文明特殊论则从时间维度上进行切割，它断言，我们时代的价值、思想、生活方式、制度，应当与以前一刀两断。这样的文明特殊论会导致激进主义。

这两者的共通之处是自我中心，断言我不同于且优于他者。他们可以敞开胸怀拥抱现代化，而对传统采取决绝的封闭态度。他们的心灵对传统的封闭程度，与民族主义对异族的封闭相比，有过之而无不及，因为相比之下，他们有历史主义信念支撑，在道德上更为骄傲。这样的骄傲把他们困在概念的牢笼中，而以自己的墨镜看待传统。

现代概念的牢笼

在西周封建制下，人们确实是自由的，尽管存在等级制。秦制实现了平等，虽然人们没有自由。

孔子与今日中国人的距离，非常近。比秦皇汉武、康熙大帝都要近。孔子的时代是自由的时代，那个自由是现代自由的老祖宗，与现代自由同属一个物种，而不是另一个物种。

在《继承》一文中，易先生提出，在新时代，儒家需要经过现代阐释，才有存在空间。进行现代阐释的原则是“引进自由、平等、人权等现代观念，立足于公民权利、民主政治、法治社会等现代意识”。

这看法我完全同意。我只是想追问：何谓民主，何谓自由，何谓法治？乍一看，这些概念似乎早都是常识了，根本不用讨论。在旨在解决当下问题的公共问题中，运用这些常识性概念，当然也就差不多了。但是，一旦进入历史和思想的领域，仅有这样的常识性概念显然是不够的。

事实上，在讨论这些问题的时候，只是运用这类常识性概念，必然导致严重偏差。易先生对我在《孔子》一文中诸多看法提出的批评，就生动地呈现了这样的偏差。比如，我提出，封建的君臣关系具有契约性质，君臣虽然不平等，但双方都是自由的。易先生质问：君臣之间根本不平等，怎么可能自由？很多朋友认同这样的质疑。但坦率地说，这样的质疑不过表现了现代人的骄傲与狭隘。

自由和平等对于人的存在而言，是最为重要的两种价值。不幸的是，自古至今，这两者之间存在紧张，甚至冲突。随便举几个例子：在思想史和政治史领域中，人们通常会说，法国思想和法国大革命追求平等，而英国革命追求自由。托克维尔在《论美国的民主》中讨论的核心问题之一是，如何平衡自由与平等。一直到当代西方理论界，自由主义与左派争论的焦点也就在于自由多一些还是平等多一些。长期以来，经济学领域争论的问题，也无非是两者之间的取舍：缪尔达尔、斯蒂格利茨等人要求平等多一些，哈耶克、弗里德曼、布坎南等人主张自由多一些。

凡此种种争论清楚地表明，人们固然可以追求鱼与熊掌之兼得，但其间难度是非常之大的。自由与平等确实是两个具有相当不同的内涵与指向的概念。这两个概念在现实中已然如此复杂，在分析古代思想和制度的时候，人们就有理由高度审慎。

这包括，人们应当意识到已故杨小凯教授提及的“后发劣势”困境。在当下中国运用概念思考中国的问题，尤其是思考历史问题，国人面临严重后发劣势：我们熟悉的概念过于先进、时髦了。借助西学和西方成熟的现代社会，人们掌握了很多概念，并视之为常识。孰料，这样的概念太成熟了，而它们的基本义可能已被遮蔽。

比如，谈到自由，新文化运动知识分子立刻要求个性解放，乃至于性解放，据此而高调地反礼教。20世纪80年代的文人则坚持穆勒所说的“社会”与个人关系意义上的自由，据此而坚持反传统。他们确实在主张自由，但这些是非常现代的自由概念。它们不是自由的基本义，而是后出之义，附加了很多衍生物。

在大多数情况下，这些衍生物模糊了自由的本来含义，人们把很多与自由无关的价值，尤其是平等，添附于其上。这从思想史的角度看，当然是无法避免的。那么，要理解概念，就首先需要做一番清理工作。20世纪以来诸多思想人物都在做这样的工作。柏林最大的思想贡献，区分消极自由、积极自由就隐含了这一点。20世纪很多思想家，比如哈耶克、施特劳斯、阿伦特、沃格林等人，也都在质疑、反对现代的自由，而主张回归自由的基本义。

奇怪的是，不少知识分子却顽固地以为，这个不知道涂抹了多少层脂粉的概念，才是真正的自由，反而指控相对单纯的自由不是自由。

这不是一种理性的态度，也不是尊重历史的态度。19世纪之前的自由就是穆勒一带而过的自由，也即刻意地强制被减少至最低限度的自由，才是自由的基本义。当我们评论19世纪之前的事物的时候，就应当依据这样的基本义。

唯有在这个意义上，我们才能理解中世纪英格兰的liberties（自由）和《大宪章》就是自由。依据自由的这一基本义也完全可以说，在西周、春秋封建制下，人们确实是自由的，尽管那个时代存在等级制。只要想象一下孔子的思想自由、办学自由，以及百家争鸣的辉煌，就足够了。

反过来，秦的制度让所有人实现了平等，虽然在这个制度下，人们没有自由。也就是说，不平等的自由和不自由的平等，都是客观的历史事实。明白了自由与平等两个概念的源流，也就不会觉得这是不可理解的，而非要否定历史的事实本身。

回到概念的基本义，我们或可恍然发现，孔子与今日中国人的距离，其实非常之近。比秦始皇、汉武帝、康熙大帝都要近。孔子的时代是自由的时代，那个自由是现代自由的老祖宗，与现代自由同属一个物种，而不是另外一个物种。

事实上，今日国人为准确地理解自由的含义，与其攻读穆勒、罗素、杜威、罗尔斯、德沃金、孙斯坦，不如去仔细理解孔子所处时代的自由的状况与其制度。这些西方学者与其说是在揭示自由，不如说是在遮蔽自由之基本义。当然，在西方语境中，这从某种意义上来说也是正当而必要的。但由此所形成的关于自由的现代性常识，并不是健全的自由常识。

走出牢笼，唤醒温情

毫无疑问，相对于现代成熟的法治，“礼俗之治”存在很多缺陷。但相对于秦的“刑律之治”——那是一种严密控制的“警察国家”——礼俗之治的确可以带给人们相当程度的自由。礼俗也划定人的权利—义务，确认财产权，规范交易、合作等等，这样的礼俗之治乃法治的近亲或前身。

事实上，不光在此概念上，在很多问题上，国人在可以享有后发优势的同时，也面临后发劣势。现代中国启蒙知识分子始终没有意识到这一点。新文化运动知识分子提出全盘反传统的主张，就可部分地归因于这一概念的后发劣势。留洋的知识分子们在已完成现代化的西方，获知最先进的现代常识性概念。他们以此衡量前现代中国的价值、制度，当然会得出结论：古典、古代的理念、制度，实在是一无是处。

比如，他们猛烈地批判礼教、礼俗。毫无疑问，相对于现代成熟的法治，相对于现代个人解放理念，“礼俗之治”存在很多缺陷。

但是，回到古代社会治理的语境中就会发现，相对于秦的“刑律之治”——那是一种严密控制的“警察国家”——所预设的政府权力至上与官吏蛮横专断，礼俗之治的确可以带给人们相当程度的自由。礼俗也划定人的权利—义务，确认财产权，规范交易、合作等等，民间社会就是据此自我治理大多数公共事务的。这样的礼俗之治实乃法治的近亲或前身。

也就是说，礼俗确实没有带来完全平等的自由，也确实妨碍个性的解放，但它确实在界定和守护个人自由的空间。传统中国处于皇权制下，社会却不乏活力，奥秘就在于，在官府的刑治之下还有一个民间的礼俗之治。现代启蒙知识分子抱定僵化的法治概念，看不到礼俗之治与法治的同质性，而把礼俗一棍子打死，必欲毁之而后快。其结果却是，所有人直接暴露在权力之下，社会治理悲剧性地回向了刑律之治。

此一例证表明，当启蒙知识分子宣称中国历史、中国传统、中国文明一片漆黑的时候，并不是因为历史本身真那么黑暗，而是因为知识分子自己戴了一副乌黑的墨镜。他们被自己的常识性概念俘虏了，不假思索地运用最时髦的概念来判断古代。这样的态度绝不能说是理性的，它是一种最堕落的迷信：对自我的迷信。

欲判断历史，就须对现代的常识性概念进行某种剥离，还原到其基本义。一旦摘掉那副墨镜，运用相关概念之基本义进行观察，历史、传统就会呈现出另外一副形象。比如，我们就不会认为，中国人是另外一个物种，2000年甚至5000年来都在思考如何出卖自己，毁灭自己。相反，我们将会看到，古人与今人并非两个不同的物种。生活在这块土地上的人们，一直以来都在追求美好生活，他们的这一愿望一点也不比今人差。他们也透过私人生活和公共生活等领域的制度变革，实现这美好生活，其成就绝非毫无可观。

也就是说，走出现代概念的牢笼、对古典的观念和制度，今人就不会以现代人的傲慢看待前人，而具有钱穆先生所说的“温情与敬意”。这并不是虚骄地宣称现代的东西我们古已有之，也不是炫耀我们以前有多阔。相反，这恰恰是放低身段，抛却进步主义的骄傲，以平常心看待先人，以理性态度看待历史，以开放态度对待传统——开放不仅应当是横向地对外部世界的开放，也应当是纵向地对先人的开放。

若能养成这样的心态，我们或可更为准确地知道我们是谁。我们是谁在很大程度上是由我们曾经是谁决定的，而一个追求美好生活的人，会通过认知以前的我们曾经为美好生活做过什么，来塑造我们曾经是谁。因为，人是为了美好生活而存在的，谈论现代转型，更是为了更为美好的生活。纳粹之类特例之外的常态历史对人的意义也就在于，提供逼近美好生活的经验。过去当然有专制，有阴谋和杀戮，但过去也有追求美好生活的种种努力，最起码有那种理想。对今人来说，更有意义的是后一方面的经验。这样的知识有益于我们的自我构建。

只有承认今天的我们与过去的我们的连续性，最充分地发掘美好生活的经验，现代性自我构建才有可能展开。仅从现代转型之效率角度看，对历史的温情与敬意也更为经济。把以前的文明描画成一团漆黑，其逻辑的结论只能是，让我们全部从头再来。这似乎也是个常识了。但这具有可行性么?

摆脱概念的牢笼，进而承认以前与现在、传统与现代的同质性，现代转型才是可能的。因为，这时已不是从头搭建一座空中楼阁，而是已经有了一个基础。我曾把陈寅恪先生纪念张之洞的一句诗略加修改为“中体西学，资相循诱”，作为现代转型的模式。“中体”就是同样具有美好生活理想的中国人，在漫长历史过程中生成、积累的信仰、价值、习俗、制度。

这其中自然泥沙俱下，善恶混杂。但这又怎么样呢？在西学也即现代理念、价值的诱导下，更准确地说，是在追求美好生活的内在动力驱动下，经由具有创新精神的个体的实践，此中美好的价值、规则、制度，得以扩展、生长、成熟。由此，传统也就实现了徐复观先生所说的“新生转进”。

面对传统，有些人眼里只有恶，那只是因为他的心灵不对善开放。有些人拒绝传统的智慧，那只是因为他的心灵不对理性开放。这两类人都得不到美好生活，也不可能推动传统的更新，毕竟，只有建设，才能让传统“新生转进”。怀疑、破坏带来的只是空无。

精华糟粕论的自负

传统之所以是传统，就是因为，它一直在自我更新。路径很简单：改变自己，也就在重新诠释传统，再造文明。我们只能局部地、渐进地改变它，以及我们自己。

基于上面的看法，我对易先生提出的继承传统的策略，大不以为然。易先生根据自己的历史主义理念确认，对儒家照单全收是不行的，拿来就用是不行的，不加改造也是不行的。符合人类共同价值的，就弘扬之；不符合，就抛弃之。为此，他提出“抽象继承法”方案，把儒家思想中的合理部分抽离出来，不要“核桃壳”，只吃“核桃仁”。为此，他主张，也许得把儒学放进洗衣机，再加漂白粉，冲了又冲，洗了又洗，一直洗成灰色为止。这还不够，还必须对儒家进行“现代阐释”。

这套说法虽然复杂，概括起来只是一句话：取其精华，去其糟粕。这一直是今人对待传统的主流理念。但仔细想来，取其精华，去其糟粕，要么是一个没有意义的想法，要么是一个可怕的想法。

我的疑惑是：对文明、传统，果真可以这样划分吗？精华糟粕论的预设是，传统已经死亡，因而今人可以像观赏博物馆中的展品一样。它还预设，现代就是历史的最高处，今人可以站在传统之外，不，应该说是站在传统之上，俯视传统，对何为精华、何为糟粕予以鉴定、挑选。

好吧，假设您确实可以站在传统之外，也确有鉴定的能力，那您按照什么样的标准取、去？当然是按照正确、现代的标准。问题是，您的标准果然就是正确的、现代的标准吗？未必。现成的例子就是，我对现代价值的认知显然不同于易先生，以谁为准？我相信，易先生会同意一种做法：各是其是，各非其非。但这样一来，取、去也就没有意义了。如果强制以某人或某群人的立场、价值为准，其结果恐怕不是易先生愿意看到的。

到了放弃精华糟粕论的时候了，它表明的是理性的自负和权力的自负。让我们坦率地承认，没有人有能力、有资格在传统中区分精华、糟粕，也根本不应当、不需要进行这样的努力。不做这事情，传统自然地在自我更新。

中国传统，包括儒家价值，本身就是在漫长的时间过程中，无数人思考、沟通、积累的产物。传统之所以是传统，就是因为，它一直在自我更新。这是传统的本质所在。传统是哈耶克所说的“社会科学上的事实”，也即主观事实。因此，它不是钢铁牢笼。一方面，我们被它塑造，另一方面它就在我们身上，所以，我们就可以改变它。路径很简单：改变自己，也就在重新诠释传统，再造文明。当然，我们与传统共生的结构又决定了，我们只能局部地、渐进地改变它，以及我们自己。

因此，其实不必在意传统是什么，精华、糟粕是什么。对于寻求改变的人们而言，唯一重要的事情是，你想成为什么。追求美好生活的精神自觉，可以带动传统的新生。这样的自觉完全可以来自易先生所说的现代价值之启发，在此价值诱导下，传统中固有的美好因素成长、扩展，自我与传统共同地“转进新生”。

但是，当据此价值重新规划生活时，不需自我鄙视，自我否定，自我仇恨。身在传统之中，而追求美好生活，这就足够了。听起来自相矛盾，其实这是生活的本质，传统的本质。我们就在传统中，不应假装自己可以客观地、集体性地判断与拣选传统。而不进行这番拣选，依然可以更新传统。因为，传统就是生活，传统尤其是那面向善的生活。这生活—传统之流，从古到今，无始无终，我们存身的这个时代不过是其中一个渺小的环节而已，有何理由傲视古人？

对孔子要行中庸之道

■ 鄢烈山

“孔子学院”走向世界的今天，孔儒在中国还是弱势吗？也许吧。至少强势地位在学界尚未真正树立。不过，在文化多元的今天，儒学要复兴到科举时代的强势肯定是不可能的任务，蒋庆等人将“儒教”立为“国教”的倡议绝对是梦呓。

秋风又在《南方人物周刊》发表了一篇特稿《你可能不认识的孔子》（2011年1月24日）。的确，我们需要重新认识孔子，因为从前我们对中国传统文化包括儒学和孔夫子太粗暴了，极尽污蔑丑化之能事。比如，现在认真读了一点国学经典，我才知道“存天理，灭人欲”并不是我们从前批判的那个意思：《中庸》讲“天命之谓性，率性之谓道”，“喜怒哀乐未发之谓中”，“存天理”是要保持人的天性，顺天行事；反之，违背天性的“人”“为”的即“伪”，伪善也罢真恶也罢，在正心诚意的过程中都是“灭”之的对象，这话有什么大错呢？又如“以其人之道还治其人之身”并非“请君入瓮”的意思，而是讲治国之道，“道不远人”，“以众人（而非大公无私的圣人）望人，人则易从是也”，这分明是抵制乌托邦折腾的有益思想资源。

我能理解曾不遗余力倡言民主宪政和自由市场的秋风，何以会转向文化保守主义，就像我理解介绍西学、主张变法的严复在辛亥革命后何以会致力传统文化的复归。他担忧中国丧失本民族的“国种特性”，会“如鱼之离水而处空，如蹩跛者之挟拐以行，如短于精神者之恃鸦片为发越”。但是，读了他的这篇特稿，我感觉其崇孔扬孔也太过了。王权专制时代封孔子为“大成至圣文宣王”，对其思想观点的认同也不过如此吧，虽然用的词语不同。

要与秋风上述特稿展开讨论，一方面是我对儒学的研究功底不够，另一方面这篇千字文也展开不了。我想先强调两点：一是我承认“六经注我”也是一种学术研究路径，我们对什么感兴趣，其选择不可避免地会被打上当代的烙印，而“托古改制”是一种常用的套数，虽然那是政治人物的习惯。二是美化往古是人的痼疾，古希腊的神话传说不也有黄金时代堕落到黑铁时代之说吗？孔夫子崇尚尧舜禹“三代”和商汤周文周武“三王”，又常见梦周公，那是耽于幻想还是借古讽今？他的政治理想是“克己复礼”，这根本就是不可能的——在我看来，这是因为那个“礼”（封建等级制）本来就不应该永垂不朽。

秋风用自由、平等的契约精神来阐释封建制，这也太浪漫化了！孔子那个时候文史资料极有限，考古发掘更谈不上，他居然恨恨地说“始作俑者，其无后乎”——殊不知像后来秦始皇那样以人形俑殉葬是巨大的历史进步？他删编《诗经》，其中有篇《黄鸟》就是讲春秋五霸之一秦穆公死后以人殉葬的。他看问题显然缺乏历史感。但这篇《黄鸟》里被迫殉葬的子车三兄弟“皆秦之良也”，估计不是奴隶；至于奴隶、战俘，像安阳殷墟里那些祭祀坑里横陈的骸骨，杀多少以殉都不会有人觉得特别可惜，因为那就是礼制呀！

秋风说他是这些年来研究《论语》，研究西周、春秋历史后形成的对孔子及封建制的新认识。这些纸上的文献适用于孟子所说的：“尽信《书》，则不如无《书》。”恰如，后人读我们今天的法规，“禁烟令”多保护公共卫生啊，事实上基本就是虚的，除了医院少有实行的。我们的《消费者权益保护法》世界领先，却连明码实价这一条都一直没落实，“砍价”仍是中国特色！有意思的是，孟子上引之话后接着是“吾于武成，取二三策而已矣”，就是说对孔子极力推崇的周武王、周公旦辅政的周成王，他早已觉得没有多少可取的。周公的做法在古时就为“周婆”所不屑。周公也根本就不是讲兄友弟恭的成功榜样，不然他就用不着杀他的兄弟、成王的叔叔管叔，流放蔡叔，贬霍叔为庶人。后人读史，一语中的，“春秋无义战”，什么契约精神、仁义礼智信没多少人当真过，“吊民伐罪”只是问鼎天下的借口。

这些文史常识秋风先生比我更熟悉，我不明白他何以那么美化先秦时代。我只想说，对孔夫子对儒学对中国传统文化，我们要有平常心，持中庸之道，过犹不及，扬之上天、抑之下地都不是正道，而矫枉则不必过正。

尊重孔子，现代化才有意义

■ 秋风

最近写了篇《你可能不认识的孔子》（《南方人物周刊》2011年第4期），呈现了一副与今日之常识大为不同的孔子形象：孔子确为中国文明之圣人。不出所料，这一结论引起的回应主要是嘲笑和抨击。老友鄢烈山也撰文《对孔子要行中庸之道》，提醒我“矫枉则不必过正”。

不论在孔子还是在亚里士多德那里，中庸、中道都是最高的实践智慧。但最近几年所写的有关儒家的文章，确实不乏火气。个中缘由，如孟子所说：“予岂好辩哉？予不得已也。”

晚清中国人受西方刺激，形成构建现代国家的意愿。在19世纪最后几年，康有为第一个系统地形成了现代建国方案——现在看来，这是最为健全、完整的方案，中国人也曾在构建民主政体与保持固有传统之间努力保持平衡。

后来，“道术为天下裂”，上述相对平衡的努力被简化为两个口号：一曰追求国家富强，一曰追求个人自由。用20世纪80年代的话语说即救亡与启蒙。

这两个目标都没有错。人当然应生活在自由状态，国家富强也是好事。但这两个有时相互冲突的口号有一个通病，那就是极端化。它们都把摧毁传统当成实现自身目标的前提。富强派追求物质性力量的强大，而传统社会结构、文化观念妨碍国家动员资源的能力，所以必须摧毁之。启蒙派的反传统主义更是尽人皆知。这样，现代中国最有影响力的两种观念都认定：中国要现代化，就得摧毁传统，包括儒家观念、传统宗教、社会结构，乃至经济结构、法律体系。

先不管这样的运动能否达到自身设定的目标，即便可以达到富强，这又是谁的富强？富强派其实已经说得很坦率了：它追求的是“国家”富强，而当国家被神化、国民缺乏必要管道控制国家时，国家的意志就很有可能偏离国民的意愿。这几年人们抱怨国进民退、国富民穷，其实就是百年历史的惯性所致。

对启蒙派，人们要追问，摧毁传统所获得的自由，究竟是谁的自由？对庶民来说，最为重要的自由就是安顿身心于自己信奉的神灵，按熟悉的方式生活而不受他人无端嘲笑、干扰、强制，按习惯的伦理、法律与人交往、合作、交易。激进知识分子对这些观念和制度痛加挞伐，是否尊重了庶民们的自由？若传统、文化被完全剥离，这群人还是否是有能力享有、使用自由的国民？

这就是现代中国之“枉”，也可以说是“妄”——理性的狂妄与权力的狂妄。极端的、偏颇的启蒙和富强，与国民处于分离甚至敌对状态。对于国民主体而言，现代化在很大程度上变成了他者的现代化。

中国当然要现代化，但健全的现代化过程必须确保国民的主体性。这个具有主体性的国民是由其共同的文化所界定、塑造的，而这共同的文化，只能是传统文化。时间上的绵长性，赋予其信仰或生活方式以空间上的广泛性。因此，保有主体性的中国人的现代化，必以其固有的宗教信仰、生活方式、社会结构得到尊重为前提。换言之，真正合乎自由、富强原则的现代化，是——并且只能是——中国固有文化之“新生转进”，是国民作为一个文化和政治共同体实现自身文化与政治之“维新”。

那么，中国的传统是什么？就是尧、舜、禹、汤、文、武周公所树立的治理秩序典范，就是孔子从中所发现、阐述的大道。由此分散而为诸子百家，下降而为信仰、礼俗、律法。在漫长历史上，这个文化主体又包容各宗教，以至西方的观念、制度，焕然而成为一个具有内在连贯性同时也不乏丰富性、容纳紧张的文化共同体。

这个文化、文明传统不可能没有缺陷，甚至可能存在严重缺陷。但这又怎么样？今人专心去做这个时代的社会和政治逻辑所要求的正确的事情就够了，为什么要跟传统较劲？面对那些与传统战斗的人士的激情，我有一个疑惑，百思而不得其解：把本国传统涂抹得一团漆黑，对自己，对新文化、新政治之生成，究竟有什么好处？难道真的是不破不立？

对旧房屋，有人视旧如仇，而决绝地拆旧建新。另有人会对旧房加以修葺改建，既可以住得很舒服，又有深厚的文化底蕴。孔子和渗透着他的精神的传统，就是一栋在过去几千年间被不断修葺的宏伟大厦。过去百年，几代人在拆毁这房子。可被拆毁的那部分现在是白茫茫一片真干净，甚至是一地鸡毛。这不难理解：人是由传统界定的。拒绝传统，一个人连自己是谁、什么是对错都不知道，他做的事情对他本人、对他所在的文化和共同体，也就难有什么建设性。

因此，站在今天，承认孔子的伟大，不是矫枉过正，而是矫枉归正。孔子当然不是历史的终点，今人更不是，也就不应以历史终结者的姿态傲慢地审判孔子。尊重孔子倒是一种更明智的态度，尊重孔子，在传统的边际上持续地创新，这样的现代化，才是保持国民共同体之主体性的现代化。

第二辑

何种儒家

儒家宪政民生主义

■ 秋风

儒家是内圣之学，更是外王之学。《大学》“八目”固然始于格物、致知、正心、诚意，以修身为“本”，而通往齐家、治国、平天下，但《中庸》更为圆融地统摄内外、己物：“诚者，非自成己而已也，所以成物也。成己，仁也；成物，知也。性之德也，合外、内之道也，故时措之宜也。”以成己而成物、透过成物而成己，两者作为一个互动性整体构成“儒家整体规划”。

自孔夫子以降至20世纪上半叶之儒者，依循此一整体规划，致力于构建天人之际的优良“治理秩序”。但晚近以来之儒者，如牟宗三先生所代表的“现代新儒家”，虽有强烈的外王的民主指向，究竟侧重发展儒家内圣的心性之学，并径直论断“此心性之学正为中国学术思想之核心”。至其后学，更将儒家化约为“哲学”甚至“哲学史”，最多只是从“道德”“文化”“教育”等角度探讨儒家之社会功用，而刻意回避儒家治国平天下之外王面相。

凡此种种，导致儒家与社会脱节，沦为可有可无之盛世点缀或者纯粹智力游戏。观念上的失重导致儒者虽发展出一套复杂的哲学论说，但在台湾地区20世纪80年代以来至关重要的社会转型过程中，近乎无所作为。当转型完成之后，也在有关社会治理的重要议题上，鲜有作为，在观念的竞争性市场上，趋向边缘化。此一教训表明，自我矮化、放弃儒家整体规划的儒家，不可能不丧失参与社会治理的意愿、技艺与智慧。

与此同时，在大陆，过去十年中，思想界最为重大的变化趋势是儒家的复归。蒋庆先生率先倡导“政治儒学”，令儒家重回其正统的“整体规划”。2005年在广东召开的第一届儒教会议得风气之先，提出儒教概念，表达了进入秩序重建过程的强烈愿望。此后，有人提出“通三统”，引孔子入主流意识形态。似乎正是沿着这一思路，最近有学者提出“马克思主义中国化”也即“儒家化”的命题。

凡此种种思想上的努力表明，在内地，儒家正在恢复其生命力，其重建的形态将完全不同于哲学化的港台新儒家。这是由内地的境况所决定的。内地目前仍处于“三千年未有之大变局”过程中。具有担当意识的儒家所面临的任务就是参与现代国家秩序之构建，也即“立国（nation-state building）”，此系“为万世开太平”的大事业。置身于此过程的儒者当具有立法者意识，此一时代所需要的儒学乃是“立法者的科学（science of a states manor legislator）”。

本文旨在探究儒家之当代新外王进路，也即立基于儒家的价值取向，参照儒家治理规划之历史实现形态与治理智慧，初步探究儒家治理现代社会之可能的治理架构。这个架构一言以蔽之，即为“儒家宪政民生主义”。

一、作为秩序构建之道的通三统

儒家宪政民生主义之提出，系依据儒家“通三统”之智慧。“通三统”是春秋公羊学最为重要的观念之一。这个观念具有坚实的历史依据，即周武王、周公“存二王之后”的天下秩序构建智慧。其具体做法，董仲舒《春秋繁露·三代改制质文》篇有所概括：

王者之法，必正号，绌“王”谓之“帝”，封其后以小国，使奉祀之。下存二王之后以大国，使服其服，行其礼乐，称客而朝。是故，周人之王，尚推神农为九皇，而改号轩辕谓之“黄帝”，因存帝颛顼、帝喾、帝尧之帝号，绌虞而号舜曰帝舜。录五帝以小国。下存禹之后于杞，存汤之后于宋，以方百里，爵号“公”。使服其服，行其礼乐，称先王客而朝。

二王之后的二公，与新王共同构成“三统”、“三正”。“通三统”之用意，《白虎通义·三正》有所论述：

王者所以存二王之后，何也？所以尊先王，通天下之三统也。明天下非一家之有，谨敬谦让之至也。故封之百里，使得服其正色，用其礼乐，永事先祖。

《论语》曰：“夏礼，吾能言之，杞不足徵也；殷礼，吾能言之，宋不足徵也。”《春秋传》曰：“王者存二王之后，使服其正色，行其礼乐。”《诗》曰：“厥作祼将，常服黼冔。”言微子服殷之冠，助祭于周也。《周颂》曰：“有客有客，亦白其马。”此微子朝周也。

综合上述论述，“通三统”或有以下含义：

第一，“通三统”力图在治理权转移的过程中保持文明的连续性。《春秋繁露·楚庄王篇》对此有非常清晰的论说：

故［新王］必徙居处、更称号、改正朔、易服色者，无他焉，不敢不顺天志而明自显也。若夫大纲、人伦、道理、政治、教化、习俗、文义尽如故，亦何改哉？故王者有改制之名，无易道之实。

董氏所说的“道”就是文明，就是礼俗，就是生活。在儒家看来，不同时期具体的治理者和治理的形态是可以变化的，也必须有所变化。但是，文明却是永恒的。而文明高于权力，尤其是高于一家一姓或者一个集团的治理权。权威、权力的安排和行使必须服从于文明、服务于文明，否则就不具有正当性。而先王之礼乐就是文明的象征，存二王之后，使服其服，行其礼乐，就突出了文明超越于治理权之上的连续性。

第二，“通三统”也强调了治理权的连续性，至少是局部的。从历史的角度看，任何一个治理权的建立都不是一个绝对的开始。同时，面向未来，任何一个治理者都没有资格宣称自己正在创造历史上最伟大的时代。每一个在时间过程上存在的治理权，都可能具有某种历史的合理性，乃至于正当性，因而后来的建国者、治理者不应当全盘否定前者。它必须承认，在它之前的治理者和治理秩序是具有正当性的，它的治理权，不具有道德上的绝对霸权。二王之后服其服，行其礼乐，意味着二王之治理权保持了局部的连续性。

第三，“通三统”意味着任何一个掌握了治理力的人或群体的权威、权力，不是最高的。存二王之后突破了新王在空间上对治理权的垄断，也即，存二王之后的制度安排在某种程度上打破了“大一统”格局。而且，如前引文献所再三指出的，“通三统”说中至关重要的一项制度安排是，二王之后于新王为“宾”、为“客”，也即有“不纯臣之义”。二王之后立国于新王之天下，也就是意味着，天下非一家所有，而为天下人所有，新王不可垄断全部治理权。关于这一点，汉儒谷永曾这样问皇帝：

“臣闻天生蒸民，不能相治，为立王者以统理之，方制海内非为天子，列土封疆非为诸侯，皆以为民也。垂三统，列三正，去无道，开有德，不私一姓，明天下乃天下之天下，非一人之天下也。”

第四，如此一来，“通三统”的制度安排为未来之更化敞开了机会。古典文献显示，自小康时代开始，君子即有天下兴亡的忧患意识。也即，人们普遍相信，由于人性的道德上的弱点和智力上的局限性，任何一种制度、治理架构都可能败坏，因而，几乎不可避免地将会死亡。也因此，“革命”似乎也是不可避免的。那么，如何让革命变成构建更好秩序的机会，而不只是充斥破坏？

“存二王之后”就提供了一个人们寻找替代性制度与治理智慧的保存所。“二王之后”保存着不同于新王的礼乐、制度，这些制度固然曾经被一种新的天下治理之制所替代，但是，它们曾经具有过合理性。而历史绝不是线性的，而完全可能倒转，也即，一种被替代的制度可能重新获得合理性。当人们再度寻找更化改制之道的时候，二王之后所保存的这些历史性的礼乐、制度，完全有可能倒转而成为一种理想——过去经常可以成为理想。即便不成为理想，也可以为更化、改制者提供备选的价值、制度。

也正是依据“通三统”的现实，孔子得以说夏礼、学殷礼，通过对夏、殷之后的观察，而深明其礼乐制度的利弊得失，从而做出“行夏之时，乘殷之辂，服周之冕，乐则韶、舞”的立宪性抉择。“存二王之后”，让历史经验活生生地存在于现实之中，而可以成为立宪者可以方便地观察、取用的备选制度保存箱。

可以说，孔子亲作操作性示范、公羊家所论说的“通三统”，乃是一种建立和维系优良治理秩序的伟大智慧。参照公羊学家的概念，当代的“二王”当指清代与中华民国。而按照我们下面将会讨论的看法，清代的治理架构——至少自曾国藩所代表的儒家士大夫崛起之后——与董仲舒—汉武帝以来的治理架构，大体保持了连续性。

因此，置身于当代中国，从时间的维度上说，“通三统”就是通当下人民共和国之统，此谓新王；“二王”则为中华民国及古代之统。“通三统”，就是通此三统。从治理架构的角度看，古代之统为儒家士大夫与皇权共治体制，中华民国之统就是三民主义。也即从结构上说，在当代中国，“通三统”就是通儒家、宪政主义和民生主义（也即社会主义）这三统。其中，儒家代表着古老而漫长的华夏治理之道，是为大本大源。在此大本大源中，本来就蕴含着宪政主义与民生主义。19世纪末以降的现代中国人，借助于源自西方的知识，而探索了其在现代的多种实现形态，让宪政主义和民生主义找到了更为合理、可靠的制度安排。

总之，作为古典中国之立国、治国智慧的“通三统”，在当代中国之呈现，就是张君劢所说，“会通”古、今、中、西，就是徐复观先生所说，华夏治理之道之“新生转进”，其整体架构就是“儒家宪政民生主义”。

二、儒家之作为中华性之本

一旦我们思考中国是什么，以及中国应当是什么，就注定了只有一个答案：中国是儒家的中国，中国应当是儒家的中国。

中国理性而文明的治理架构当始于尧、舜。从这个时代开始，已经有可信的文字记录可供后人体认了，此即《尚书》所收唐、虞之书。经过尧、舜、皋陶、禹的努力，华夏共同体也即“天下”形成。在天下的构造过程中，“华夏治理之道”逐渐呈现展露。这包括帝尧的“协和”天下之道，天道信仰；帝舜所确立的共治之道，以刑弼教等原则；皋陶所强调的天道主义律法说、规则之治原理等等。这是华夏族群的文明觉醒时代，是华夏文明史上的第一次立法时代。由此，华夏族群实现了文明的第一次跃迁。

这一文明经过千年演变，至周革殷命，周人制礼作乐，而达到巅峰。周人具有高超的治理技艺和智慧，文王、武王、周公启动了华夏文明史上第二个立法时代，也即在夏、殷之礼的基础上构建了“经典封建制”，其伟大成就即呈现为“郁郁乎文哉”之“周礼”。借助这一整套礼乐制度，华夏天下获得了横向地在地域上持续扩展，纵向地加深人际间联结的制度依托，从而实现了华夏治理文明的第二次跃迁。

周的封建礼乐制度于春秋中后期衰落，儒家正形成于此时。如《中庸》所说，孔子“祖述尧舜，宪章文武”，整理古典文明之“方策”，删定六经。由此，尧、舜、皋陶、禹、汤、文、武、周公之道，变成一种可“学”之道——《论语》以“学”字开头，深意正在于此。一方面，透过孔子的整理和儒门的传承，早期和古典时代的华夏治理之道成文化，并呈现为一种值得永远追求的理想。另一方面，正是孔子开创了“学”，学术与教育。这一开创之功是诸子百家无法比拟的。自此以后，儒家也成为一般教育的实施者。因此，儒家乃是古典文明之传承者，这是儒家的第一个身份。

同时，孔子又开创、发展了一套新的价值与理念体系，对正在到来的“现代性”生活预先提出了解决方案——战国时代的中国就已经进入“现代”。孔子的方案大体包含两个方面：一方面，孔子主张

"复礼"，在封建制崩溃的时代守护古典礼乐文明。其在政治上的涵义则是，以封建的自由抗衡正在到来的王权专制。另一方面，孔子又突破礼的等级性，围绕着"仁"，发展了诸多现代概念，凸现了人与人的平等。这是"现代性"的核心观念。也就是说，孔子在守护古典的同时，又打开了中国现代性之门。凡此种种观念，构成了儒家的第二个身份，即为诸子百家中之一家。

综合而言，孔孟启动了华夏文明的第三次立法时代，启动了华夏文明的第三次跃迁：从古典向现代的跃迁。不过，与前两次的圣王立法不同，此刻，德、位分离，孔子并没有完成此一立法与跃迁。但是，孔子为这个立法和跃迁准备了两个最为基本的动力：第一，华夏治理之道成为自觉的"道"，儒家守护着这个道，而形成了一个"道学"之统，此前凝聚而成的华夏治理之道就在儒学之统中被抽象、被传承。第二，圣王时代结束、封建的"君子"群体溃散之后，孔子通过聚徒讲学，为华夏治理之"道"重新找到了制度依托和实现的主体，这就是志于道的"士"。

华夏治理之道始终在寻求自我实现，儒生又志于道，因而，儒生具有最为深沉的理想性。有道才有理想。道学让儒生具有强烈的道德理想主义，他们致力于把历史变成大道自我实现的过程。因此，孔子之后的中国就是儒家的中国，中国历史就是儒家支配的历史。

当然，历史是复杂的，充满了曲折，其中最为严重的曲折是秦制之歧出。秦制一经出现，也成为一个强大的传统，并深入国人的心灵。此后，戎狄也多次入侵，部分或者全面地征服华夏地区，对华夏文明造成毁灭性破坏。凡此种种，均造成治理的紊乱，制度的退化，人的尊严遭到损害，繁荣被强行打断。

但就在这曲折的历史过程中，华夏文明仍保持着一线生机，并挣扎着前行。这生机就来自于儒家的道德理想主义。2000多年来，儒家代表着人心向上的力量，儒家是这个文明自我提升、新生转进的力量。在秦制之下，儒家仍默默守护着尧舜、三代之治的理想，在野蛮民族征服之下，儒家同样守护着这个理想。一旦时机成熟，他们就面向这个理想，依据自己的知识重建秩序。这样的治理秩序未必合乎他们的理想，但至少，儒生试图逼近这个理想。

儒家所坚持的理想就构成了华夏—中国的本质性、也即“中华性”之所在。这个理想，就是“三代之治”，就是“王道”，“仁政”，就是“大同”，哪怕就是“小康”。下节将会论述，儒家也构想了诸多实现这个理想的教化与制度手段。基于这样的历史，一个好的中国就是儒家得到尊重，儒家精神得到舒展的中国。由此，儒家的理想得以实现，变成制度、宪制的灵魂，变成生活的指南，中华性得以充分之呈现。

不幸的是，现代中国历史出现了严重的歧出。大多数人认为，现代中国与传统中国之间形成了巨大的断裂。但实际上，最为严重的断裂发生在一般所说的现代史上，也即广州国民革命政府成立的1924年：在此之前的历史其实是连续的，尽管也发生了重大变化，此后才出现了一个明显的断裂。

尤其是在内地，这个断裂日趋扩大。一波又一波的反传统思潮均指向儒家。林毓生先生所说的“全盘性反传统主义”，也即全盘性反儒家的立场和观念，已经成为现代中国最重要的意识形态，成为自由主义、马克思主义、民族主义、国家主义等等现代意识形态共享的一个立场。此后所形成的治理秩序也是全面反儒家的。儒家作为一种价值和思想体系被彻底否定，代表着儒家价值的基本社会组织被刻意摧毁，比如家族制度、生育制度、殡葬制度。体现儒家价值的制度被摧毁，比如私人产权、市场制度、社会自主治理等等。

由于这种全盘性反传统主义，中国与儒家相互分离，儒家错失了自我寻找新的制度依托的机会。由此，儒家固然成为余英时先生所说的“游魂”，中国也丧失了灵魂。也许，这就是过去100年来，中国陷入困顿、徘徊、反复状况的根源所在。

尽管如此，如董仲舒所说：“天不变，道亦不变。”华夏治理之道不可能被连根摧毁，它只是暂时受到抑制。一旦这种控制的力量放松，华夏治理之道就会自我呈现。过去30年中国发生的变化，一言以蔽之，就是传统的回归。人们经常用“改革”，更经常用“市场化”这样的概念，来刻画过去30多年中国发生的巨大变化。但是，这样的概括也许遮蔽了最为重要的变化，而传统“回归论”可以对过去30年中国所发生的变化给出最为全面的解释。在这30年间，由于控制的放松，儒家开始部分地自我实现，儒家价值为自己重建或者新建制度。这包括家族制度、市场经济、社会自治等等。所有这些，其实都是传统中国固有的，都在某种程度上体现儒家的价值，在控制放松后，它们得以复归。

作为儒家自我构建的一部分，儒家思想、学术也从20世纪90年代开始复兴。也正是在这样的背景下，过去10年间，有识之士普遍意识到，当下中国治理秩序之转型或者再造之关键，就是回向儒家，由此重回尧舜以来连绵不断的华夏治理之道。最好的现实必然是历史的自然延续。回向华夏治理之道，也是中国任何一种治理秩序的正当性之终极来源。

不能不承认，在过去30年间，民众的回归意愿是本能而强烈的。但是，精英群体以及整个主流的文化、社会、政治建制，基于种种现代意识形态和唯理主义迷信，对于这种回归趋势采取了一种警惕、疑惑，很多时候是抵制的态度。儒家的回归遭遇诸多心理与制度上的障碍，而无法自由地、健全地重建和新建其制度依托。

也就是说，在当代中国，精英与民众最为根本的脱节乃在于他们对于中华性、对于儒家的认同的程度大不相同。对儒家、对传统的抗拒、抛弃，乃是现代知识自觉的产物，民众较少受到影响。因而，“礼失而求诸野”，过去30多年间传统的复归，系以民众自发的回归为先导。但依然沉浸于现代意识形态的知识分子，无法理解这种回归的伟大意义，反而横加挑剔。民众祭祀其祖先，精英斥之为迷信。民众燃放鞭炮过节，精英斥之为陋俗。民众要求读经，精英们却担心经典毒害青少年的心灵。相反，对于放弃自己伦理责任的“范跑跑”，精英们却争相吹捧，奉之为道德典范。

正是文化、政治、社会精英的这种唯理主义迷信，及由此而形成的居高临下姿态，根深蒂固的道德虚无主义，导致了当代中国的身体与灵魂的脱节。中国虽然经历过了30年经济快速增长，但整体治理秩序似乎并未变好。相反，到今天，如同汉武帝中后期，所有人都处于惶惶不安之中。虽然有些对于人的生命至关重要的制度得以回归、重建，但不是那么健全，更有大量制度没有机会重建。因而，陷入意识形态迷信之中的精英们所维系的诸多价值、社会结构，根本不足以克服这个大转型时代空前的失衡与普遍的不适应症状。

解决这些严重问题的唯一出路就是诚心回到儒家。这是无可逃避的命运。如果不回到儒家，现在中国所面临的严重问题，就不可能解决，甚至人们都不可能准确地知道问题究竟在哪里。如果不回到儒家，中国就没有自我，也就没有未来，因为中国没有灵魂。

三、儒家的宪政主义传统

人们会问：回到儒家意味着什么？至少从政治的维度看，儒家难道不是专制或者专制的帮凶吗？正是这样的一个常识，构成了精英群体普遍拒斥儒家的知识依据。

然而，这其实是一种荒唐的迷信。事实上，从政治倾向上看，儒家就是宪政主义的。在进行下一步讨论之前，有必要对自由主义和宪政主义者两个概念略作分疏。现代中国历史走入歧路的关键，也许就在于精英群体不清楚这两个概念在西方的演变过程，而盲目地拿“减肥药”解决饥饿问题。

粗略地观察即可发现，宪政主义与自由主义无疑具有广泛的相通之处，两者都追求自由和人的尊严。自由主义固然如此，宪政主义对自由价值的忠诚是无可怀疑的。尽管如此，两者之间也存在一些至关重要的不同之处。

首先，从历史的维度看，先有宪政主义，后有自由主义。19世纪之前，与自由事业相关联的概念主要是宪政主义。

其次，作为两种观念体系，自由主义与宪政主义之间也存在着重大区别。自由主义是一个完备性方案，包括物质主义的哲学、个体主义的伦理学、权利论的法学和政治学等。总之，自由主义是一种现代意识形态，其目的是提供一套个人解放的知识体系，让人摆脱旧世界，进入美丽新世界。

与之相反，宪政主义不是一种整全的意识形态。如同这个词所昭示的，它主要关心宪制（constitution），也即权力的安排。宪政主义没有重新安排整个生活秩序的雄心。因此，它没有自己的伦理学。宪政主义仅仅致力于建造一个强大、有效，但权力受到控制、节制的治理架构，尤其是政府。这个政府享有一定权力，其权力强大到可以有效地执行正当行为规则，但通过对权力的切割、配置、制衡等制度设计，又不至于成为祸害。在这样的治理架构下，人的尊严和自由可以得到保障。

这样，自由主义必然是反传统、反建制的。因为它要追求整体生活的自由，所以，通常情况下，它反对宗教，挑战习俗，旨在冲破一切建制。在自由主义的伦理学中，个体的意欲就是最高命令，自由主义经济学、政治学、法学就是据此构建相关制度，这些制度被认为是通往自由的天堂的阶梯。自由主义的雄心是，基于个体的不可捉摸的意欲重构整个世界。它向每个人承诺了一个天堂，为实现这个天堂，它将摧毁现实世界中的一切建制。

宪政主义的目标是单纯的，它只为人们的美好生活提供公共性制度保障。对于何谓美好的生活，宪政主义不作回答，只等候文明自作决定。它不是要用一种生活替代另一种生活，只是推进共同体既有的生活中的公共部分制度安排的理性化。宪政主义谦卑地服务于生活，因此宪政主义尊重传统。传统将确定美好生活是什么，这就是宪政主义要保障的价值，美好的生活是什么将决定正确的宪制是什么。

根据上面的分疏，儒家当然不可能见容于现代自由主义——实际上，所有古典信仰和观念都可能被自由主义视为实现其天堂的障碍、敌人。儒家却完全可以见容于宪政主义。事实上，具有宪政主义信念的人必然致力于守护儒家的信仰、价值及其所塑造的生活秩序，因为，宪政的目的就是保卫和改善生活。更进一步说，宪政主义者也必然以儒家的信仰和价值作为自己的基础——至少是其中的一种，因为，没有德性，就没有优良的制度。

上面我们论述了宪政主义兼容儒家的必然性。反过来看，儒家虽然是一种完备性价值与理念体系，但是，与现代意识形态不同，它作为一种古典的完备性学说，是高度审慎的。而它所构想的治理架构，正是宪政主义的。

对此命题，可以从两个角度进行论述：哲学的与历史的。哲学的论证也许是比较简单的：儒家主张，从根本上，人在道德上是平等的，此即“仁”最为抽象层次上的含义。由此可以合理地推导出诸多伦理与治理的基本原理，比如，“己所不欲，勿施于人”，共同体中的人们相互尊重对方的尊严与自由。

这些伦理与治理原则就决定了，儒家所构想的制度，必然是宪政的。1958年《为中国文化敬告世界人士宣言》就曾经这样论述：

从儒家之肯定天下非一人之天下，并一贯相信道德上，人皆可以为尧舜为贤圣，及民之所好好之，民之所恶恶之等来看，此中之天下为公人格平等之思想，即为民主政治思想根源之所在，至少亦为民主政治思想之种子所在。

就人性而言，《孟子·公孙丑上》指出：“人皆有不忍人之心……先王有不忍人之心，斯有不忍人之政矣。以不忍人之心，行不忍人之政，治天下可运之掌上。”反过来，《孟子·离娄上》指出：“徒善不足以为政，徒法不能以自行……既竭心思焉，继之以不忍人之政，而仁覆天下矣。”此一“仁政”的制度形态只能是权力的肆意滥用受到限制，权力按照民众的意愿行使，并以增进民众福利为唯一目标的宪政，而不可能是任何其他制度。

现代人提出的疑问是：儒家的这些理想也许很好，但也只是说说而已。一部实际发生的中国历史，就是专制的历史——自谭嗣同、梁启超以来，这似乎已成为知识界的常识。这一事实证明了，儒家关于优良治理的学说是软弱无力的，或者缺乏可操作性。

笔者正在进行一项名为“治理秩序史”的研究，重构从尧舜以降中国历史的叙事框架，其中一个非常重要的目的，就是发现中国的宪政传统，从历史上论证儒家是宪政主义的。

从经验上观察，可以保证自由的宪制，乃是一系列复杂的制度的组合，我们至少可以将其区分为四个不同的方面：社会的自主治理，法律之治，权力的分立与制衡，以及作为一种普遍的公共决策程序的民主。概括地说，宪政的基本原理就是规则之治，与权威的分享和相互制约。用这样的标准来考察，儒家就是宪政主义的。

华夏天下的治理之道在其最初确立之时，也即尧、舜、皋陶时代，就具有宪政主义的指向，并建立了诸多制度。比如，《尚书·尧典》所说的“合和万邦”之道，《舜典》和《大禹谟》《益稷》所揭示的舜的“共治”之道，《皋陶》篇中皋陶基于“天叙有典”而阐明的规则之治，“天聪明自我民聪明”的政治神学等等，都具有宪政主义意涵。这些构成华夏治理之道的“基因”。

此后的中国历史，一直在寻找这一治理之道所包蕴的宪政主义基因的制度实现形态，并形成了两种治理秩序：封建制与共治体制。

周人建立的经典封建制的基本架构是自由人透过书面契约所建立的君臣关系。这一订约过程的一般性称呼是“策名委质”，周王与诸侯建立关系则被称为“策命”。透过此契约订立仪式构建起来的君臣共同体，乃是封建治理秩序之基本社会单元。在此一关系中，君臣双方的“名”也即权利—义务是不对等的。尽管如此，双方的权利—义务是相互的。双方都是自由的，可以解除君臣契约，此即“君臣以义而合”。在这样的君臣关系中，双方具有伙伴性质。

君臣关系之契约性质，也就决定了封建的治理高度地依赖规则。这个规则体系就是“礼”。礼相当于欧洲封建时代的“法

（law）”——这里需要注意，“法”与“律”是有根本区别的。就其性质而言，礼是习惯法，其规则来源有二：漫长历史过程中形成的习俗，以及历代先王针对具体问题，比如策命诸侯而零星制作的诰命——这样的诰命当然是在礼制的整体框架内制作的，构成具有普遍而永恒之约束力的“先例”。

这两类规则之自动与强制执行，就形成封建的“礼治”。礼治具有一个非常明显的特征：第一，规则无所不在，人的一切活动都在礼的约束之下，不管现在有没有具体的规则；第二，规则约束所有人，不论其处于何种位置。在君臣关系中，它同时约束君与臣。君臣的权利—义务尽管是不对等的，但礼平等地约束君臣双方。最为重要的君——周王、诸侯，也都在礼的约束之下。所有人都被全面约束的礼治，与英格兰普通法传统中所形成的法治之基本架构，是完全相同的。

正确地理解封建制，对于理解儒家的思想倾向和理念结构，具有决定性意义：只有理解了封建制，才能明白儒家在说什么，在追求什么。在专制的王权制即将出现之际，孔子主张“复礼”“正名”，其用意就是回归封建，而孔子心目中的封建制之核心原理，就是“君使臣以礼，臣事君以忠”。更进一步，则是孟子所说的一段话：“君之视臣如手足，则臣视君如腹心。君之视臣如犬马，则臣视君如国人。君之视臣如土芥，则臣视君如寇雠。”孟子关于“贵戚之卿”与“异姓之卿”的权利之议论，以及《礼运》所说“大道之行也，天下为公，选贤与能”，都是基于礼治的历史现实，对封建制的宪政主义性质的理论表达——或者说是向往。儒家的复古主张，就是在表达其构建宪政制度的理想。这构成了后世儒家的基本政治主张。

中国历史上形成的第二种具有宪政主义指向的制度形态是董仲舒—汉武帝时代形成的士大夫与皇权共治体制。余英时先生在《朱熹的历史世界》这一对于历史学和儒学思想史研究同时具有范式转换意义的著作中，阐述了宋代儒者追求“共治”的努力。笔者将这一概念予以扩展，并认为，董仲舒所策动的汉武帝时代及以后的“更化”，就是一场宪政主义革命，其结果则是建立了共治体制。

孟子之后儒家驯化绝对主义皇权的策略是把皇权置于“天道”控制之下。董仲舒非常简练地描述了汉儒所向往的治理结构：“以人随君，以君随天”，“屈民而伸君，屈君而伸天”。儒者相信，万民确实应当服从君王，这是维持秩序之所必需。但是，君王决不是最高的，君王之上有天。秦始皇相信自己就是天，儒者则宣告，皇帝不是天，不过是“天之子”，而天子必须服从天。

更为重要的是，天意只有儒者能够理解，也只有儒者有能力提出政策方案，对上天的意见作出正确的回应。由此，儒者就打通了进入治理架构的通道，从而对秦制发动了一次根本性改造。皇权退让，儒家士大夫进入治理架构内，汉承袭自秦的治理架构发生了相当重大的变化，而转换成为皇权与士大夫共治之体制。大体上，从董仲舒—汉武帝时代到晚清，正常状态下的治理架构均为“共治体制”，尽管士大夫分享权威的程度不等，而且其间也发生过重大的波折、变化。

这一共治体制的哲学表达是道统、学统高于政统，而在治理架构上，共治至少体现为三个互相关联的方面：

第一，借助于独尊儒术的制度安排，接受过儒家教育的士人大规模进入政府，逐渐改变了秦制以文法吏为主体的政府形态，而建立起钱穆先生所说的“士人政府”。儒家士大夫通过儒家教育，具有自成体系的价值、信念、理想，以及一套治理理念。他们具有明确而强烈的道德和政治主体性意识，不可能甘当皇权的工具。他们组成的士人政府与皇权之间出现了微妙的分立，后者包括皇帝及依附于他的人，如外戚、宦官、佞幸等。士大夫一直试图对后者予以控制和约束，后世历史上，两者之间经常发生分歧乃至激烈冲突。

第二，借助于儒术的权威和进入政府而获得的资源控制权，儒生共同体也在社会中开始树立治理的权威。“社会”并非自然地存在的。在儒家联结社会之前的相当漫长的时期，也即从战国到汉初300年间，中国很难说存在严格意义上的“社会”。正是儒生共同体在汉代中后期构造了“社会”：首先，儒生自己通过讲学等方式结成一个既有地方性，也有全国性的社团。其次，儒家士大夫构造了家族等社会自主治理组织。共治的理念让皇权也承认儒家所代表的社会拥有一定的自治权利，从而形成了政府与社会的“共治”。

第三，西汉中期以后，也出现了刑治与德治共治理的格局。秦制是单纯的“刑治”，政府管理社会的唯一规则体系是刑律，执行刑律的主体是文法吏，这样的刑治体系类似于现代的警察国家体制。儒家深度进入社会治理架构之后，封建的礼治得以部分地恢复，而演化成为基层社会的“礼俗”之治。礼俗中渗透着儒家精神，其生成者、执行者也主要是社会中的儒家士人。这样一套礼俗之治体系，乃是社会自主治理之本，官府主导的刑治则退缩到较为狭小的范围中。

由此可以看出，共治体制的基本框架确实是皇权制，其基本结构也确实是汉宣帝所说的“霸、王道杂之”。在共治结构中，皇权带有强烈的非理性的、堕落的内在倾向。对抗这种倾向的就是儒家之理想主义。共治体制与秦制最大的区别也就在于，它把儒家的道德理想主义植入自己的体内，安排了一种自我矫正机制。共治体制的灵魂是儒生，它为皇权制的治理架构注入了理性的力量。相对于秦制，这种体制具有明显的宪政主义倾向。

理解这两者的关系，尤其是其中具有理性精神的儒家的精神状况和思想观念，乃是理解汉武帝以来中国历史的关键。儒家基于其道德理想主义和治理理想，对于皇权治理的现实一直都不满意，并从各个角度寻找改进之道。汉以来中国历史上所发生的一切重要“变法”事业，均发源于儒家士大夫之道德自觉与政治自觉。儒家思想就是因应这一追求优良治理的努力而变化的。

由于上述内在平衡机制，共治体制是一种具有内在稳定的治理秩序。在此体制下，国民大体上是平等的，也享有一定程度的自由。社会通过较高程度的自主治理发展出诸多法律和执行机制，相当有效地界定和保障人们在交易、合作网络中的权利、义务。由此，在和平时期，市场在传统中国大体正常地运转，社会、文化也能够维持一定繁荣。共治体制所引入的理性因素、所拓展的社会自主治理空间，也是中国文明能够经历种种外部冲击与内部败坏，而依然保持生命力的制度基础。

认识到中古中国的治理架构为“共治体制”，可以让我们对现代中国的变迁给出更为合理的解释。儒家思想倾向让儒家非常自然地走向了宪政主义，同时，儒家士大夫本身就是共治体制的灵魂。这样的理念和生活让晚清儒家士大夫自然地进入到现代立宪政治过程中，形成了现代中国的儒家宪政主义思想与政治传统。这个宪政主义运动的主体就是儒家士大夫，也即儒家“绅士”，这场运动也就是绅士宪政主义运动。它的基本纲领，就是实现绅士们非常熟悉的共治制度的现代转换。当时最为重要的两个宪政主义口号是“开国会”和“地方自治”，这就是把士大夫原有的治理权威予以扩大，并赋予更为正规化的形态。关于西方宪政制度的新知识，不过为儒家士大夫实现自己固有的宪政理想提供了新工具，当然，这些新知识也拓展了他们关于宪政的想象。因此，也正是儒家绅士透过晚清立宪，透过辛亥革命及其后的努力，构造了中国的现代宪政政体——中华民国。

总之，古代与现代的历史表明，儒家代表着一种宪政主义的理想，儒家在历史上也至少构造了三种宪政主义程度不等的制度，即封建制、共治体制和现代宪政政体。因此，儒家使宪政主义的命题具有坚实的历史依据，这个历史证明了，宪政主义就是儒家外王之基本取向、核心精神。

当然，这种精神在当代的实现，必须借助于现代宪政的知识，也即外来的制度性知识，方可构建出合理的制度形态。但唯有经由对于“中体”之深入思考，此类“西学”才能从一种理论上的可能性，变成可运作的现实的制度。

四、儒家的民生主义传统

儒家是民生主义的。民生主义追求一个人人有尊严地生活、富有人情味的社会。为此，人群中的贫富差距不应太大，每个人都应当获得维持社会共识认为必须的生活必需品和公共服务。这是儒家从一开始就追求的基本价值。儒家曾经提出过至少两个方面的论证。

第一，政治神学上的论证。《中庸》：“天命之谓性。”《尚书·泰誓上》：“惟天地，万物之父母；惟人，万物之灵。孔颖达正义曰：此经之意，天地是万物之父母，言天地之意，欲养万物也。人是万物之最灵，言其尤宜长养也。”《周易》“乾”卦《彖》曰：“乾道变化，各正性命。保合大和，乃利贞。”

人为天所生，秉有天性。因此，每个人都有合乎尊严地生存的道德权利，此即“各正性命”。人们生活于共同体、共同体存在的理据，也就在于它能够保障人们的这一道德权利。而上天生育万物，包括人。天有好生之德，人亦皆有好生之德，故而，人们天然地具有合作的心性，将会相互满足这一对他人的道德义务。人们也正是为了相互满足这一权利，而结成共同体。

第二，政治哲学上的论证。一个人人享有尊严的公平社会，可以在社会成员中间创造和维持普遍的“共同体感”，对于一个共同体而言，这是最为重要的公共品，也是社会秩序的基础。《论语·季氏》记载孔夫子的话：“丘也闻：有国有家者，不患贫而患不均，不患寡而患不安。盖均无贫，和无寡，安无倾。”《春秋繁露·度制》对于这里的“均”有更进一步的阐述：

孔子曰：“不患贫而患不均。”故有所积重，则有所空虚矣。大富则骄，大贫则忧。忧则为盗，骄则为暴，此众人之情也。圣者则于众人之情，见乱之所从生。故其制人道而差上下也。使富者足以示贵，而不至于骄；贫者足以养生，而不至于忧。以此为度而调均之，是以财不匮，而上下相安，故易治也。

今世弃其度制，而各从其欲。欲无所穷，而欲得自恣，其势无极。大人病不足于上，而小民羸瘠于下，则富者愈贪利而不肯为义，贫者日犯禁而不可得止。是世之所以难治也。

贫富分化必然摧毁人们的共同体感，导致处于两个极端的人对共同体的责任感、凝聚力流失，这种不负责任的意识会迅速蔓延到整个社会中，从而摧毁共同体。在一个人们具有平等观念的现代社会，情况当更为严重。严重的贫富差距必然导致共同体内部的冲突日趋激化，从而导致社会失序，每个人的福利都将遭受巨大损害。为此，共同体必须采取有效措施，控制贫富差距。民生主义就是控制贫富差距、维持人们共同体感的关键措施。

民生主义是以儒家价值为基础的，因而，它从一开始就具有“中道”的气质，而绝不走极端。《礼运》“大同章”就清楚地表明了这一点：“大道之行也，天下为公。选贤与能。讲信，修睦。故人不独亲其亲，不独子其子。使老有所终，壮有所用，幼有所长。矜、寡、孤、独、废、疾者，皆有所养。男有分，女有归。货，恶其弃于地也，不必藏于已。力，恶其不出于身也，不必为已。是故，谋闭而不兴，盗窃乱贼而不作，故外户而不闭。是谓大同。”

这一章在过去100多年间获得高度重视，它被当成社会主义甚至共产主义的中国式表述。但这样的解释存在极大偏差。仅仅从语词上，我们可以看到儒家的审慎。最为值得注意的是这段表述中的7个“不”。下面对于其中涉及财富的两句话，略作解释：

货，恶其弃于地也，不必藏于已。力，恶其不出于身也，不必为已。

孔颖达正义曰：“货，谓财货也。既天下共之，不独藏府库。但若人不收录，弃掷山林，则物坏世穷，无所资用，故各收宝而藏之，是恶弃地耳。非是藏之为已，有乏者便与也。力，谓为事用力。言凡所事，不惮劬劳，而各竭筋力者，正是恶于相欺，惜力不出于身耳。非是欲自营赡。故云‘不必为已’也。”

货与力是两种资源。财富生产的高效率，依赖于这两种资源的有效利用，而这又依赖于每个人“各尽其力”，即较为充分地发挥自己的创造性。创造性来自于自由，公道则保证每个人的创造性不被刻意地抑制。

那么，这些被创造出来的财富如何分配，才同时有助于个体的幸福和共同体的繁荣？《大同章》提出了两个“不必”，意思是“不完全”“不只是”。这种否定的表达语式，深刻地体现了先贤的审慎和明智。“不必”的含义是非常清楚的：每个人生产出来的财富首先还是属于自己，并且为自己的。但是，既然人们已生活于共同体中，而个人的财富生产活动必然依赖于整个社会的分工、合作网络，依赖于政府及其他治理主体所生产的公共服务，则基于交换原则，人们会同意拿出一部分财富贡献于共同体。另一方面，最为重要的是，人们生活于共同体中，则必然就具有了共同体感，具有了“公民”意识。因此，从一开始，他们的生产活动就不只是为了自己，也同时是为了共同体，不论是其他成员，还是邦国。作为共同体成员的人们从事财富生产，就同时为了自己和共同体。这是人进入共同体生产之后的一种必然。因而，个体生产的财富是具有共享性的。

总之，《大同章》的两个“不必”，没有财富由整个共同体全部共有的含义，更不意味着政府的占有。财富首先是共同体成员私人享有的，但是，人们私有的财富同时具有公共性。人们享有的财富同时具有私、公两个品性。这两者对于人来说是同等重要的，也是人的两个本能：一个是自然本能，另一个是社会本能。它们同时存在于每个人身上。

据此，我们可以确定儒家民生主义的政策含义：

第一，民主主义尊重私人产权、尊重市场制度，而绝不主张强制性集体和国家所有。事实上，传统儒家一直主张低税率政府，反对政府举办经营性事业与民争利，不与民争利。儒家主张把这类事业全部交给私人处理，交给市场机制。《盐铁论》中，作为儒生的贤良文学最为清楚地阐明了这一点。

第二，中小企业和充分的竞争是实现公平社会的基础性制度。儒家相信，人皆可以为尧舜，人人均具有美德与智力的潜能，据此也可以说，人人具有“企业家精神（entrepreneurship）”。那么，最优良也最合乎道德的经济制度，就是每个人的企业家精神得以充分发挥的制度。这样的经济结构也可以形成最为公平的分配结构。尤其是，中小企业所具有的较为紧密的情感联系最为合乎人性。台湾地区经济与社会相对均衡发展的经验，也许可以证明民生主义的高明。

上述两点足以说明，儒家支持自由市场。事实上，古代中国为自由市场进行辩护最力的思想流派，不是法家，也不是道家，而就是儒家。比如，孟子已经形成相当深刻的分工理论。《孟子·滕文公下》：

“子不通功易事，以羡补不足，则农有馀粟，女有馀布。子如通之，则梓、匠、轮、舆，皆得食于子。羡，馀也。事与功者，盖所作未成，则谓之事；事之成，则谓之功。宋儒孙奭这样解释孟子的意思：如子不通功易事而相济，以有馀而补其不足，则农夫有馀粟，而人有受其饥，女有馀布，而人有受其寒。”

孟子提出的“劳心者治人，劳力者治于人”，也正是基于这种社会分工理论而提出的。既然自由交易可以增进所有人的收益，那么，对于交易活动可以采取的唯一合理的政策就是自由贸易。孟子理想的社会中有这么一个制度：“市，廛而不征，法而不廛，则天下之商皆悦，而愿藏于其市矣。关，讥而不征，则天下之旅皆悦，而愿出于其路矣。”孟子的这个构想，还隐含着“藏富于民”的理想。

第三，儒家主张“社会再分配”。请注意这里的用词，是“社会”，不是“国家”或“政府”。这种再分配乃是一种自然的再分配机制，其自然性，《孟子·公孙丑上》给出了充分的论证：

孟子曰：“人皆有不忍人之心。先王有不忍人之心，斯有不忍人之政矣。以不忍人之心，行不忍人之政，治天下可运之掌上。所以谓人皆有不忍人之心者，今人乍见孺子将入于井，皆有怵惕恻隐之心。非所以内交于孺子之父母也，非所以要誉于乡党朋友也，非恶其声而然也。”

据此，人本能地关心他人，帮助他人。尽自己的努力，让他人合乎尊严地生存，乃是人自己施加给自己的一项伦理义务。同时，人也自然地具有合作的心性，通过合作从事帮助他人的实践。因此，在一个正常社会中，人们自会举办众多“社会性”福利事业，从而形成一个自愿性再分配机制。由此完全可以形成一个规模巨大的非公立的、非盈利性的学术、教育、医疗事业领域。

第四，儒家也支持有限度的政府再分配政策。不过，相对于社会再分配，这种带有一定强制性质的福利体系是辅助性的。社会性福利事业未必能够覆盖到全体民众，因而，政府有义务举办最基本的福利制度，确保每一个人不至于无法维持体面的基本生存。

因此，儒家的民生主义不同于“福利国家”，而主张一种“福利社会”制度。民生之本在人心，在社会。人具有相互扶持的天性，一个好的治理秩序就应当让人的这种天性得到发挥，在社会中通过联合，相互帮助。

而让人们的恻隐不忍之心性得以实现的必要条件，就是结社自由。而这是由宪政所保障的。更进一步看，不受有效限制的权力本身就是民生的最大破坏者。因为，人们被区别对待，权利与权力失衡，必然导致财富分布结构失衡。在不合理的宪制架构下，政府即便实施再分配政策，其惠及底层民众的效率也是相当低下的，甚至很有可能堕落成为一种逆向再分配制度，也即，收入高者所得福利高，收入低者所得福利低，从而可能加大贫富差距，激化社会紧张与冲突。因此，民生主义的伦理基础是人的合作的心性，其制度保障是宪政主义。反过来，民生主义又能够维持人们的共同体感，从而让宪政制度的运转成为可能。

五、反复其道，天行也

由上面的学理论述可以看出，儒家宪政民生主义是一个融贯的整体。

儒家就其基本价值而言，就要求宪政主义和民生主义，这两者是儒家实现其基本价值的主要制度依托。它们就是陈寅恪先生所说寄托中国文化之idea的“有形之社会制度”。儒家的民生主义要求宪政主义，儒家的宪政主义也必然导向民生主义。在这个体系中，儒家是根本，宪政主义是制度，民生主义是社会政策。更具体地说，儒家塑造生活的价值，宪政主义为这样的生活提供公共治理方面的制度支持，民生主义则让这个生活带有人情味，让每个人都不会被抛弃，而具有共同体感。

因此，传统儒家圣贤，如孔子、孟子、董仲舒、朱子，都具有宪政主义和民生主义情怀。在现代中国的儒家那里，这三者同样融会成为一个圆融的整体。康有为、梁启超，张君劢、梁漱溟，以及现代新儒家诸贤，同时是儒者、宪政主义者和民生主义者。

《周易》“复”卦《彖》辞曰：“反复其道，天行也。”儒家宪政民生主义自尧舜以降的中国治理之道基本制度架构，也就是中国之正统。今日中国欲有效地解决各种严重问题，就必须回到这个正统。

应当说，过去二三十年，儒家、宪政、民生主义这三个基本价值、制度，都出现了回归的迹象。比如，政府从价值上认同法治民主；过去六七年，政府也在强调民生。同时，政府也部分地承认儒家的价值。但是，在法律与公共政策领域中，在精英的观念和主流的伦理、政治与法律论说中，这三者还远不能达到“和”的状态。精英们终究不愿意接受儒家，因而导致主流价值混乱，整个国家缺乏主体精神。而各种法律和政策也因此失去价值的锚链，变成实用主义的权宜之计，在各种极端措施之间随机漂浮。价值的空虚也导致制度变革缺乏明晰取向，不对称的权利—权力格局妨碍民生主义政策效用之完整发挥。这两者之混乱，反过来又导致人们对价值的虚无主义态度。即便现在很多人谈论的“中国模式”，也是没有灵魂和核心价值的，而没有灵魂的事物是不能够保持自身的。

“复，其见天地之心乎！”今日中国，该回正道了。回到华夏治理之正道，回到现代中国之正统。回归的过程也正是创造的过程，也只有回归的过程，才是真正具有创造性的过程。由此，华夏文明可以实现第四次跃迁。

在当下，回归正道的主要任务是儒家为本的现代价值之建设。但是，也不能不进行一些必要的清理工作，也即，对现代种种意识形态进行反思、清理。必须抛弃所有这些意识形态背后的物质主义哲学，清理其反宗教倾向，清理其制造紧张与冲突的理论及以此为本的国家和法律理论。所有这些既是反儒家的，也不合乎现代社会之基本伦理标准。

至于回归的方向，是非常清晰的：回到儒家。尽管曾经遭到蔑视和摧毁，但在中国的历史文化脉络中，儒家自有其内在的生命力，因而始终没有，也永远不可能“博物馆化”。可以预言，儒家必将参与现代中国治理秩序之塑造和再造。此乃儒家之天命所在，亦为中国之天命所系。

归根到底，到今天，严肃地思考中国命运的人们需要考虑的是一个简单但重要的问题：美好的中国应当是什么样的？笔者的回答是：首先，好的中国是中国的，也就是说，这中国是儒家的。这里的儒家绝不只是文化，也不是一个教会，而是国家的灵魂。它将化于生命、生活的各个面相。其次，好的中国是好的，拥有好的制度和好的政策。为此，从知识上说，儒家就必须充分参照现代知识，发展出作为立法者之科学的当代新外王体系。

为了达致这个“美好的中国”，当代中国需要一场董仲舒—汉武帝时代所发生过的“更化”，自更而化于道，化于华夏正道。这里引用董仲舒“天人三策”之第一策的结语，结束本文：

“至周之末世，大为亡道，以失天下。秦继其后，独不能改，又益甚之。重禁文学，不得挟书。弃捐礼谊而恶闻之，其心欲尽灭先王之道，而颛为自恣苟简之治。故立为天子十四岁，而国破亡矣。自古以来，未尝有以乱济乱，大败天下之民如秦者也。其遗毒余烈，至今未灭。使习俗薄恶，人民嚚顽。抵冒殊捍，孰烂如此之甚者也。孔子曰：‘腐朽之木不可雕也，粪土之墙不可圬也。’

“今汉继秦之后，如朽木粪墙矣，虽欲善治之，亡可柰何。法出而奸生，令下而诈起。如以汤止沸，抱薪救火，愈甚亡益也。窃譬之琴瑟不调，甚者，必解而更张之，乃可鼓也；为政而不行，甚者，必变而更化之，乃可理也。当更张而不更张，虽有良工，不能善调也；当更化而不更化，虽有大贤，不能善治也。故汉得天下以来，常欲善治，而至今不可善治者，失之于当更化而不更化也。”

古人有言曰：“临渊羡鱼，不如退而结网。”今临政而愿治七十余岁矣，不如退而更化。更化，则可善治；善治，则灾害日去，福禄日来。

儒家是宪政主义吗

——简评秋风的孔子观

■ 袁伟时

近年兴起的“国学”热，是中国思想文化走向多元的重要现象。现代社会的思想文化领域应是多元、自由的，公民自由自在地选取和发展自己的爱好，各适其适。

孔子是伟大的思想家、教育家。这是多数学者的共识。学者要重新阐释历史人物，必须严格遵循公认的学术规范，不能肆意歪曲历史为己所用，否则，很可能反倒糟蹋了孔子。

近几年，秋风兄热衷谈孔子。把“自由”“平等”“宪政”和“自由学术”“教育”乃至“社会”的“创造者”等金箔往孔子脸上贴，信誓旦旦地说：这就是如假包换的真孔子；“中国人必须回到儒家”！这些前无古人的新装，在下阅后疑窦丛生。

首先说明，这与“托古改制”无关。清朝末年，兴起一股西学中源的思潮，把现代学术文化说成中国固有，“乡校”是议会的起源，民本就是民主，墨学是现代科学的由来，“礼失求诸野”。这种牵强附会的东西，受到严复批评后，梁启超承认这不过是“为俗人说法”。当时的先驱者这样做，确实是“托古改制”，为国人尚未熟悉的科学与民主开路；但客观效果不佳，已被他们摈弃。时移势易，21世纪的中国人早已超越了大清帝国臣民的蒙昧，用儒学或“礼治”渗入宪政，在清晰的宪政原则中，一杠子插入“儒家绅士治理”，与19世纪先驱用心良苦的“托古改制”风马牛不相及。

其次，这也与“六经注我”无关。古今中外的思想家创建自己的思想体系，通常广泛利用前贤的思想资源，阐释自己独特的思想成果。在陆九渊、王阳明和熊十力等人的身上就看到这样的锋芒。读者们会从这些文字中作出不同的价值判断，但通常不会追究其历史真实性。

问题在于秋风兄一再表明，自己的有关文章和书籍才真正还原了孔子和儒家。历史不是可以让厨师随意加工的面团。既然号称史学，包括我在内的读者，就有权按照史学的要求鉴别其真伪。

最后，不言自明，这不是要不要继承传统文化之争。为了证明秋风兄的造像虚假，我引用了好些与秋风兄论点相左却为历代儒门弟子津津乐道的史料；这不是我对孔子的全面论述，更不等于要全盘否定孔子。篇幅所限，无法求全。

以下特掇拾秋风兄高论，供有兴趣的读者把玩，并略加评点如下。

一、必须回到儒家吗？

“解决这些严重问题的唯一出路就是诚心回到儒家。这是无可逃避的命运。如果不回到儒家，中国就没有自我，也就没有未来，因为中国没有灵魂。”（秋风：《儒家宪政民生主义》）“中国当然要现代化，但健全的现代化过程必须确保国民的主体性。这个具有主体性

的国民是由其共同的文化所界定、塑造的，而这共同的文化，只能是传统文化。”（秋风：《尊重孔子，现代化才有意义》）

简评：“主体性”是新左派20年来叫得震天价响的口号，其内涵之一是反对“文化殖民”“文化侵略”，调动民族主义情绪，筑起一道高高的防火墙，让人们活得安安稳稳。如此安邦妙计，焉能不荣宠有加！

秋风兄不是新左派，今日跟在马后摇旗呐喊，不失为新的文化奇景。

一个全称判断：“中国人必须回到儒家。这是无可逃避的命运。”霸气逼人！萝卜青菜，各有所爱。不愿回到儒家的中国人多如牛毛。“必须”云云，是法律强制，还是意识形态强制？现代公民的灵魂是自由思想、独立精神。至于具体的文化取向则各不相同，容不得别人干涉。一个现代国家，要是有灵魂的话，那就是自由、民主、法治成为多数公民的共识并转化为不可侵犯的规则（制度）。把一个流派的文化，说成是国家的灵魂，冀图在抢占道德制高点的同时，形成意识形态强制（尽管秋风兄口头上反对意识形态），非常可怕。小民实在不懂“必须回到儒家”的指令，是不是在制造新的意识形态？假如一个公民拒绝儒家的“三纲六纪”或“君君臣臣父父子子”，坚持自由思想、独立精神就是自己的灵魂，要不要挨批判？

稍加考察，“只能是传统文化”这个前提，就值得斟酌。1935年，国民党中宣部操纵10位教授发表《中国本位的文化建设宣言》，说：“中国在文化的领域中是消失了；中国政治的形态、社会的组织和思想的内容与形式，已经失去了它的特征。由这没有特征的政治、社会和思想所化育的人民，也渐渐地不能算是中国人。”这是为国民党、蒋介石威权统治造势的。76年过去了，谢天谢地，中国人仍然熙熙攘攘地活跃在地球的各个角落。不加论证，就确定这个前提，只能让人摇头叹息。

即使是传统文化，为什么一定是儒家呢？逻辑跳跃，无视现实。须知知识阶层中历来有不少人迷醉老庄，禅修更是至今仍然受到热烈追捧的风尚。

这是现代思想文化制度与“必须回到儒家”的对决，不敢等闲视之。

二、此封建类同彼封建？

“美国一位史学家汤普逊曾说：‘封建制度可能是人们的头脑所能想出的最合适的政体。’我同意这句话。中国历史上，建立了经典封建制的姬周王朝，持续800年，为时最久。这从一个侧面证实了封建制的精妙。而第一个现代宪政国家——英格兰的宪政制度，正是封建治理之道实现新生转换的结果。”（秋风：《你可能不认识的孔子》）

简评：西周封建制约在前11世纪至前771年；西方的封建制则从8世纪到14世纪。两者远隔万里，相距千年。

西方的封建制，有神权和王权的对立，有法治传统、议会传统、城市自治的传统，贵族和自由民享有种种自由，如此等等，孕育出现代自由、民主、法治、宪政社会和现代科学技术。

西周的封建制没有冲破血缘宗法羁绊，影响所及，后来的中国传统社会，君师合一，行政与司法合一，儒家的“三纲六纪”转化为代代相传的律例，家族吞噬个人，父母、祖父母在，不准“别籍异财”——个人的自由和财产权全为宗法关系排除。

把两者混为一谈，有如指狗熊为猫熊！如此论证，夫复何言！

三、孔子是自由平等的先驱？

“阿克顿爵士说过，封建制是自由的，但有一个与生俱来的缺陷：等级制。孔子坚持复礼，也即坚守封建的自由。但他也清楚地意识到礼制的等级性，并注意到有人利用强势地位强制他人。因而，孔子同时提出仁的理念，把所有人置于一般的人的地位，从而，自由的人也获得了普遍的平等。”（秋风：《你可能不认识的孔子》）

简评：孔子居然成为自由、平等的先驱！可惜，崇拜者举证能力太薄弱了！

提出的主要论据是仁，并引用《中庸》的话：“仁者人也。”且说：“从而自由的人也获得了普遍的平等。”可是《中庸》那句话全文引下来是：“仁者人也，亲亲为大。”原意是仁也要按亲疏分等级，何来平等？至于孔子和后来的儒家坚持等级，排斥平等的言行俯拾皆是，不再征引。

四、孔子不主张“尊卑等级制”？

“当然，人们立刻会提出两句话，证明孔子或者儒家坚持等级制。首先是《论语》中的‘民可使由之不可使知之’。这句话通常标点为‘民可使由之，不可使知之’，其意思当然是鼓吹愚民政策。但其实，这句话应标点为‘民可使，由之；不可使，知之’，或为‘民可，使由之；不可，使知之’。”（秋风：《你可能不认识的孔子》）

简评：这是前人早就玩过的手法。利用中国传统书简没有标点的弱点，固然可以逞口舌之快，但经不起历史事实的检查：

孔子不是说过“唯上智与下愚不移”吗？既然如此，何必知之？他也说过“小人学道则易使也”。（《论语·阳货》）这表明“知之”与“不可使知之”一样，都是让卑下者不要侵犯尊卑等级制度。这才是关键所在。

再看看他的行动：《左传》昭公二十九年，晋国铸刑鼎，孔子坚决反对：“民在鼎矣，何以尊贵？贵何业之守？贵贱无序，何以为国？”法律不应该铸在鼎上明文公布，否则，老百姓就不会老老实实“尊贵”，严格遵守贵贱秩序。这是地地道道的愚民术，孔子可谓言行一致；而且顺手一巴掌，打了乱说他提倡平等的人一个大耳光。

五、儒家就是宪政主义？

“中国历史上形成的第二种宪政主义指向的制度形态是董仲舒—汉武帝时代形成的士大夫与皇权共治体制。（秋风：《儒家宪政民生主义》）

简评：确立三纲，是董仲舒对儒家的一大贡献。他说：“君臣父子夫妇之义，皆取诸阴阳之道。君为阳，臣为阴；父为阳，子为阴；夫为阳，妻为阴。”（《春秋繁露·基义》）又说：“王道之三纲，可求于天。”三纲的基本含义是卑下者对上的绝对服从，等级绝对不能逾越；董仲舒说这是不可抗拒的天意。因此，什么平等啦，共治啦，统统是废话！这下秋风兄可惨了，董子连一点脸面都不给啊！

更好玩的是秋风兄认定这是“宪政主义”！宪政的核心是保护人的自由，手段是分权制约和坚持民主、法治。古今中外，概莫能外。美国政治学家麦基文认为：“宪政的实质，是政府权力和独立的法院审判权的平衡，美国宪政的根源可经由英格兰历史而追溯至古代罗马。”法国大革命宣布的“凡权利无保障和分权未确立的社会，就没有宪法”（《人权和公民权宣言》，1789年）更是政治学的常识。中国自古至19世纪，行政权和司法权都是统一的。这个国情，路人皆知。独尊儒术的汉武帝也是不留情面的主儿，一句话就把董仲舒送进大牢，差点掉了脑袋！呵呵，宪政主义的影子在哪里？这样的“共治”值几分钱？

六、礼治保障自由？

“礼治就是自由的保障。”（秋风：《你可能不认识的孔子》）

简评：看看孔子执政时为人乐道的政绩，就知道礼治是怎么一回事了。“孔子摄相事……（鲁公）会齐侯夹谷……齐有司趋而进曰：‘请奏宫中之乐。’景公曰：‘诺。’优倡侏儒为戏而前。孔子趋而进，历阶而登，不尽一等，曰：‘匹夫而营惑诸侯者罪当诛！请命有司！’有司加法焉，手足异处。”（《史记·孔子世家》）演员表演了孔子不喜欢的节目，就要“手足异处”。孔子没错，因为他坚持的是礼治，不过与自由不搭界！

《荀子·宥坐》：“孔子为鲁摄相，朝七日而诛少正卯……孔子曰……人有恶者五，而盗窃不与焉：一曰心达而险，二曰行辟而坚，三曰言伪而辩，四曰记丑而博，五曰顺非而泽。此五者，有一于人，则不得免于君子之诛，而少正卯兼有之。”孔子加给少正卯的五条罪状中，除了第一、二条，所谓心险、行辟难于界定的罪行外，后三条都是言论罪。说孔子是摧残言论自由的先驱，可谓有根有据。何况他早就说过："攻乎异端，斯害也已。"（《论语·为政》）一个有言论，有行动，容不得不同意见的人，何来"自由的保障"？

此事在《史记·孔子世家》中有明文记载："定公十四年，孔子年五十六，由大司寇行摄相事……诛鲁大夫乱政者少正卯。"其他史料中也言之凿凿。要想一笔抹杀，难！

七、"皇权不下县"就是宪政结构吗？

"汉武帝之后就出现了皇权不下县，在秦的时候可不是皇权不下县，皇权统治到每一个人，在汉武帝之后，其实中国就是一个在某种意义上的宪政主义的体制……叫作'共治体制'，士大夫和皇权共治体系，这就是双元的权威，使宪制结构发生了根本性的变化。根据这样的分析，中国的本身的宪制已经有了明显的宪政主义的色彩。"（秋风：《在儒家传统中发掘宪政资源》）

简评：与农耕自然经济相适应，直至大清帝国，政权一般仅设置到县一级；县以下是宗族统治，与政权直接联结，形成中国特色的宗法专制制度，从宫阙到基层社会，基本骨架是儒家的三纲体制。这是一元化的专制社会，没有什么二元结构。谓予不信，请看著名的有典型意义的族规：

曲阜《孔氏族规》："忤逆父母，凌辱尊长及纵容妻妾辱骂祖父母、父母……笞责三十……至大反常，处死，不必禀呈致累官长。大盗，亦家法处死。""禁止诉讼。"

宋代司马光制定的《司马氏居家杂仪》："凡诸卑幼，事无大小，毋得专行，必咨禀于家长。凡为子为妇者，毋得蓄私财。俸禄及田宅所入，尽归之父母舅姑。当用则请而用之，不敢私假，不敢私与。”“若以父母之命为非，而直行己志，虽所执皆是，犹为不顺之子。”依靠儒家的三纲，宗族统治是专制政权的直接延伸，保护公民自由，只是秋风兄的想象。

八、孔子创造了“会社”与民间教育？

“在春秋战国时代，由于工商业的力量不够强大，没有有效组织起来，并没有发展出欧洲的‘市民’社会。万幸的是，有孔子，有孔子创造的学术和教育，中国出现了另外一个社会，这就是儒者、士人组成的会社。在此后两千多年历史中……他们构成了一股宪政主义的力量。”（秋风：《在儒家传统中发掘宪政资源》）

简评：时至21世纪，大约没有几个人相信“天不生仲尼，万古如长夜”。可能秋风兄是个例外。他认为，孔子以前中国没有教育，没有学术，也没有社会。

老子是孔子谦恭请益的师长，一部《老子》，至今仍被海内外学者推许为中国传统思想文化的重要源头。秋风兄却斥之为纵横家言。

中国教育是不是孔子创造的？

《左传·襄公三十一年》：“郑人游于乡校，以议执政。然明谓子产曰：‘毁乡校，何如？’子产曰；‘何为？夫人朝夕退而游焉，以议执政之善否。其所善者，吾则行之；其所恶者，吾则改之。是吾师也，若之何毁之？我闻忠善以损怨，不闻作威以防怨。岂不遽止？然犹防川也：大决所犯，伤人必多，吾不克救也；不如小决使道，不如吾闻而药之也。’然明曰：‘蔑也今而后知吾子之信可事也。小人实不才。若果行此，其郑国实赖之，岂唯二三臣？’”子产比孔子早生几十年，他执政的时候就有学校了，而且人们可以在其中议政，似乎有点公民社会的味道了。即使是民间教育，也很难说就是孔子创造的；与孔子同时的少正卯就是与孔子竞争的民间教育家。

顺便说说，秋风兄认为中国“在战国以后开始出现了政府”。（同上）

孔子是春秋时代的人，做大司寇，是不是政府？据《史记》记载，西周建立初期，康叔就做过司寇，那是民间社会还是政府？

那么，孔子却是创造了足以成为“宪政主义力量”的“另外一个社会”吗？

自古以来，都有一些耿介之士，或是“上不臣天子，下不友诸侯”，或是“从道不从君”，传承浩然正气，千祀不坠。不过，这些是高山仰止的奇士，并没有形成一股足以牵制皇权的强大力量，更不用说与之共治了。有时社会危机尖锐，有过反抗的群体；但往往事过境迁，就烟消云散了。个别朝代相权较大，但皇权绝对专制的基本格局未变，宰相的权力是皇帝授予的，多数时候可以随时收回，大臣和宰相随便被杀戮的并不罕见。至于被秋风描绘为已组成民间会社——公民社会的士阶层，也是不给秋风争气的群体。在儒学熏陶下，他们恭顺成性，绝大多数心甘情愿俯伏在皇帝脚下，除了醇酒、美女为伴的雅集，闻党色变。“宪政主义力量”云云，真不知从何谈起！

九、董仲舒和康有为“最伟大”？

“在19世纪最后几年，康有为第一个系统地形成了现代建国方案——现在看来，这是最为健全、完整的方案，中国人也曾在构建民主政体与保持固有传统之间努力保持平衡。”（秋风：《尊重孔子，现代化才有意义》，董仲舒和康有为是“孔子之后，中国历史上最伟大的人物。他们是真正的儒家”。（秋风：《自由的孔子》）

简评：康有为“第一个系统地形成了现代建国方案”？在康有为还不知新学为何物或刚刚开始接触新学的19世纪70—80年代，已经有好些仁人志士在探索和提出建设现代国家的方案。这是中国近代思想史众所周知的事实。翻翻郑观应的《盛世危言》吧，这是不是健全、完整的现代建国方案？“第一个”不是随便可以说的。

秋风兄还称董仲舒和康有为是孔子之后两个最伟大的人物。以康有为来说，秋风兄可能不太了解有关的研究成果。

他推动戊戌变法有功；但由于他的莽撞，由于他的政治幼稚病，这次变法被断送了。

他的所谓公车上书，已经证明是造假，而且此公造假成性。

在他家长式的领导下，保皇会走到破产边缘。

戊戌政变后，梁启超已经取代他成为这一流派的思想领袖。

他言行不一，早为包括不少他的信徒在内的众人诟病。

1909年，著名教育家、广东士绅刘士骥因为“为国不党”，坚决不肯将自己募集的“振华公司”的股金交给他支配，居然被他派人暗杀，留下一笔没有偿还的血债！

说到“建国纲领”，《大同书》是康有为的最高纲领。他规定：大同之世“用器精，可以诇（xiòng，“打探”之意）察人之行事，令人难惰、难偷、难诡，令人惊犹鬼神之在左右，使人不敢为恶，则善行自进”。“大同之世，自发至须眉皆尽剃除，五阴之毛皆当剃落……故一毛尽拔，六根清净。”这样整天受监控，全身要剃光的生活，我辈无法消受，还是留给吹捧他“最伟大”“系统地形成了现代建国方案”的人去享用吧。

十、宪政与儒学到底是何关系？

“台湾其实从来没有过什么启蒙运动、新文化运动……在蒋氏父子执政期间对中国的传统文化始终是采取很强的保护措施的，可是实现了宪政。日本也是这样的，韩国也是这样的，都没有试图摧毁儒家再建立宪政制度。”（秋风：《在儒家传统中发掘宪政资源》）

简评：台湾地区的宪政是两蒋父子整天把子曰、诗云挂在嘴边得来的吗？不知秋风兄有没有读过胡适、傅斯年、雷震、殷海光等人的传记和后期著作，有没有涉猎过台湾民主运动史？看过胡适的墓志铭吗？两蒋政权对思想犯——盗火者的镇压血泪斑斑，墨迹无法掩盖血迹！思想变革是社会转型的先导。蒋介石贬斥、阻挡新文化运动，“以民族思想为第一”（《中国之命运》），意在巩固自己的威权统治。值得为之喝彩吗？

君知否：日本的宪政是1945年战败后才真正实现的；1889年后日本有宪法无宪政的历史，导致中国平添两千余万冤魂。读过天皇和明治政府的《幼学纲要》《教育敕语》和《军人敕谕》吗？灌输“忠孝为本”“扶翼天壤无穷之皇运”是他们屠杀中国人的重要思想支柱！

老朽愚鲁，不当妄言。然兹事体大，不敢缄默。冒犯之处，敬请原谅！

儒家一直都想限制绝对权力

——敬答袁伟时老师

■ 秋风

一、此封建就是彼封建

经由对中国古典经、史之研究，我对中国历史初步形成了一个新的认知框架：孔子以来，具有道德理想主义精神的儒家士大夫群体是抗衡专制的宪政主义力量。透过董仲舒的天道宪政主义规划，儒家构建了士大夫与皇权共治的体制，它在一定程度上带有宪政主义性质，并一直持续到清末。

这样的看法反乎百年来的历史常识，自然引来一些争议。尤其是我十分尊敬的袁伟时老师，对我多次耳提面命。近日并专门撰文，对我的看法系统提出批评。袁老师的批评促使我检讨自己的观点。本文拟以求真态度，回应袁老师的批评，这是对袁老师最大的尊重。

首先我想说明，谈论“中国古代”“传统中国”如何，过于笼统。自尧舜以降近5000年间，中国的治理秩序经历了几番巨大变化。其间至少形成了两个相反的传统：周制传统与秦制传统。两者的区别不仅体现于治理架构、社会结构，也体现于人的心智和宗教、伦理观念。秦以后的中国历史演变，基本上就是这两种传统以不同比例搭配、组合的结果。总体上说，周制传统代表着自由的、宪政的传统，儒家则在坚守这个传统。

有可信文字记载的尧舜时代至春秋，中国治理架构为封建制，而儒家的宪政主义正来自于对封建制的宪政主义的记忆和重申。

这段历史之封建性质，本系常识。只是在过去百年间，因西方历史理论之引入而陷入混乱。但最近一二十年，史学界已重归中国经、史常识，以“封建”来界定那2000年历史。袁老师也接受这一点。

尽管如此，受制于中西历史演进截然不同的先入之见，很多学者以今释古，反复强调周代的“封建”在性质上不同于欧洲的Feudalism（封建主义）。这其中一个非常重要的理由是，周的封建乃是“宗法封建”，家族吞噬了个人，因而根本没有宪政的元素。

看来，准确理解周代封建的关键，在于准确理解宗法。自汉代以来，人们就经常犯一个错误：拿汉初开始出现的家族制度想象周代的宗法制。今人更容易以明清时代的宗族、家族制度想象周代的宗法制度。王国维先生的名篇《殷周制度论》，在一定程度上也存在这样的疏误。

然而，周代宗法制极大地不同于后世的宗族制度。去古不远的汉儒结集之《白虎通义》，对此说得非常清楚：“宗，尊也。族者，凑也，聚也，谓恩爱相流凑也。”“宗”和“族”的指向是正好相反的，“宗法”之要旨乃在于以君臣之义，切断血缘关系。

此即周公制礼的伟大意义所在。周人初为天下共主，武王之兄弟因不满周公摄政，策动殷遗民叛乱，是为“三监之乱”。周公心灵所受之冲击可想而知，故在平定叛乱之后，即制礼变法，推动“亲亲”向“尊尊”之转变。也即，将叔侄、兄弟等血亲关系予以“陌生化”，透过订立书面策命文书的方式，转化为上下尊卑之君臣关系。

因而，周人宗法之基本原理为：“别子为祖，继别为宗。”举例来说，某周王驾崩，其三子中一子继嗣王位，另外两子必须与老王、新王切断亲属关系，此所谓“族人不得以其戚戚君”：这两个儿子不得以新王之兄弟自居，因他们现在是新王之臣；他们也无权立父亲之庙，这是新王的特权。他们只能另立一宗，自“别”于原来的兄弟。

宗法制的要旨正在于“别”，让君摆脱血亲关系之束缚，以公共意义上的君臣关系替代血缘意义上的叔侄、兄弟关系。这是周人最为伟大的治理智慧，也是中国文明的一次巨大跃迁。由此，周人才得以突破亲缘关系的局限性，构建出以契约性君臣关系为枢纽的理性的治理架构，从而大幅扩大了治理的地理范围。

这个意义上宗法制的实现，有赖于君臣关系的契约化。

二、封建君臣关系的契约性

我主张周的封建的君臣关系的契约性，当然引起更大争论。但是，若以社会科学的视野仔细阅读古典文献，尤其是“五经”中之《尚书》《诗经》《春秋》三传，以及《国语》，就可以发现，这一论断是可以成立的。

周公实现了从“亲亲”向“尊尊”之转化，不过，周代的“尊尊”也即君臣关系，完全不同于秦制下的君臣关系。周制的封建的君臣关系乃是一种契约性关系。君臣订约，一般被称为“策名委质”，周王与诸侯建立关系的过程则被称为“策命”。订约过程的核心是在宗庙中宣读一份确立双方权利—义务的文书。《尚书》所收《微子之命》《蔡仲之命》《康诰》及后面几篇冠以“命”的文献，就是君臣订约的文书。《诗经》若干诗篇也记载了策命之辞。

这样的策名、策命仪式十分接近于欧洲封建时代的“臣服礼”。经由这一仪式，一个人获得臣的“名”或“分”，也即权利，比如，受封某个爵位、职位，伴之以某块土地、各种车服、礼器。同时，臣也被施加了某种“职”，也即义务。这份契约文书，对于明确各自的权利—义务至关重要，所以，双方会认真保存这份文书。周人，起码是贵族，每人都手持着表明自己身份的契约文书。当时的“史”的主要功能，就是保存、解释这类文书。

君臣关系的契约性决定了君臣权利—义务的相互性。不错，君臣双方的地位是不平等的，因而，权利—义务是不对等的。尽管如此，双方的权利—义务是相互的。也就是说，双方都享有一定权利，但享有权利的前提是履行对对方的义务。这就是“礼尚往来”的初始含义：“往”就是自己承担对对方的义务，“来”就是对方承担对自己的义务。君臣关系的相互性也决定了一个基本伦理原则：“君臣以义而合。”《左传·昭公十三年》记载了春秋时代一句谚语：“臣一主二。”晋儒杜预注：“言一臣必有二主，道不合，得去事他国。”也就是说，假如君没有履行对臣的义务，损害了臣的权益，臣可以解除君臣契约，与他人订立君臣契约。

在这样的君臣关系中，双方就不是绝对的上下尊卑关系，而具有伙伴、朋友的性质。《尚书》、《诗经》等文献表明，周王明确地将诸侯称为“友”“朋”。每个君与他的臣组成一个共同体，他们就本共同体的重大事务进行共同决策，包括决定继嗣之君。君乃是透过“选建明德”的方式，从合乎继嗣资格的人中选择。通常，老君临死之前，会从几个儿子中提名一个为新君人选——未必为嫡长子。当时并不存在制度上的嫡长子继承制。这个人必须获得臣的多数同意。此中道理非常简单：诸臣如果不同意，不参加继嗣仪式，不与新君订立君臣契约，新君就不成其为君。

古典文献的记载也表明，在迁国、战争等重大事务上，“国人”都可参与决策。因此，封建的治理带有贵族共和的性质。

三、礼治的性质：礼是习惯法

君臣关系的契约性质也就决定了，封建的治理高度地依赖规则，这个规则体系就是“礼”。周的封建的治理秩序就是礼治秩序。

说到礼治，很多人马上想到“吃人的”礼教。这种文学化的表达方式源于对礼的性质及礼、刑关系的无知。

就其性质而言，礼是习惯法，其来源有二：漫长历史过程中形成的习俗，以及历代先王针对具体问题，比如策命诸侯而零星制作的诰命——这样的诰命当然是在礼制的整体框架内制作的，它们构成具有普遍而永恒之约束力的“先例”。

这两类规则之自动与强制执行就形成封建的“礼治”。礼治具有两个非常明显的特征：第一，规则无所不在，人的一切活动都在礼的约束之下，不管现在有没有具体的规则；第二，规则约束所有人，不论其处于何种位置。在君臣关系中，它同时约束君与臣，周王、诸侯等各个层级的君都在礼的约束之下。在礼治秩序中，君臣的权利—义务尽管不对等，礼却平等地约束君臣。君如果违反了君臣契约，礼保证臣可以对君主张自己的权利，包括解除君臣关系，使用个人拥有的武力予以回击，或者实施报复。

很多人对“刑不上大夫”望文生义，认为这句话表明封建贵族享有法律豁免权。但《左传》记载了作为臣的大夫，诉讼作为君的诸侯，而君被判决败诉的案件。至于大夫被诉，败诉而遭受刑罚的故事，所在多有。“刑不上大夫”的意思只是说，大夫违礼，其行刑地点比较隐秘而已。

凡此种种都表明，周代的礼，就是欧洲封建时代的“法（law）”。它不是出自于君王的意志，而是自发形成的，且约束所有人。以此类规则支持的礼治，比起秦制的“法制”，更接近于现代的法治。

四、封建的自由

君臣关系的契约性，权利义务的相互性，以及礼治下的平等，这几个制度足以让我们说，封建时代的人们是自由的。

不用引太多例证，孔子本人的经历就已经清楚地证明封建的自由：孔子可以自由地收集秘藏于故府的文献，可以自由地收徒办学，可以与君解除契约而另投新君，可以在各国自由流动。这是当时的国人们都享有的自由。

也正是这种封建的自由催生了春秋后期到战国的百家争鸣。很多人把战国时代的自由归因于集中的权威的解体。这是偏颇的。战国时代人们所享有的自由是封建的自由。这种自由，从尧舜时代就存在，在西周时代也存在。战国时代，虽然封建制已崩溃，王权制已出现，但东方各国的封建传统十分深厚，而新兴的王权与官僚体系还没有掌握人身与思想控制术，所以，这段时期的东方各国，类似于欧洲十七八世纪的“开明专制”。

正是这种封建的自由状态，塑造了周代的“君子心智”，君子们形成了“君子人格”，也表现出“君子风度”——欧洲的骑士风度、英美的绅士风度，就是周代君子风度的对应物。

周代的刚健的君子是中国人永远的典范，孔子就是这样的君子。

五、孔子主张：以封建制对抗君主专制

人们普遍承认，“礼”“仁”两个字可概括孔子的基本思想。但这两个字究竟是什么含义？

孔子的核心政治主张是“复礼”，其用意是回归封建，而孔子心目中的封建制的核心原理，就是“君使臣以礼，臣事君以忠”。孔子生当封建制松动之际，君臣关系已开始变化，趋向于尊卑森严的命令—服从关系。在这种关系中，臣只有义务而无权利，君只有权利而无义务，因而，君有权力，而臣无尊严和自由。孔子主张复礼，就是要回归君臣权利—义务之相互性，为臣民的自由和尊严张目。

在孔子那里，“仁”的含义很多，但最基础的含义是人们平等地相互对待。《中庸》之“仁者人也”最简洁地概括了这一基础性含义。汉儒郑玄注曰：“人也，读如‘相人偶’之人，以人意向存问之言。”用现在的话说：人们相互把对方当成人来对待，而且当成和自己相同的人来对待。这就是平等，人格之平等。

袁老师说，这句话后面还有“亲亲为大”。诚然。但是，“大”的意思只是说，在亲属关系中，人们可以直观地感受、体悟到仁，也

可以在这种关系中训练仁的美德。尽管如此，经由孔子的其他论述可以看出，仁决不限于血亲关系，它由内向外，由近及远，由亲属、熟人推及于陌生人，最终实现“天下一家”。

当然，在孔子那里，仁为礼之本。由此，古典的礼获得了现代的生命。封建的礼确实具有不平等的一面。孔子透过引入“仁”的概念，让礼所保障的自由和尊严平等地覆盖所有人，起码具有这样的潜能。这样，经由孔子，中国历史上出现了人人当平等地享有自由和尊严的现代观念。袁老师引用孔子杀少正卯的故事来说明礼之不公正和孔子之不容异己。但很多学者通过对此故事记述源流的文本分析已证明，它出自荀子的编造。

袁老师还引用了“攻乎异端，斯害也已”，说明孔子具有思想专制倾向。关于这句话的含义，汉儒、宋儒众说纷纭。总结起来，不外乎下面几种理解：第一种，攻伐、批评异端是对自己有害的，因为这会浪费宝贵的精力、时间。第二种，研究他技、小道而遗忘大道对自己有害。第三种，把“已”释为“终结”，意思是，对不同的看法进行研究、取舍，分歧之害也就不复存在了。总之，不管取哪种解释，都无讨伐异端之意。尤其重要的是，在古典语文中，“异端”一词没有后世所说“宗教异端”之义，这是欧洲基督教才具有的理念。

六、孔子开创了“公民”社会

我还提出过一个看法：孔子创造了民间教育，据此创造了“社会”。袁老师对此提出批评。

我的回答是，首先，封建时代没有后世的“学”。袁老师举子产毁乡校之“乡校”，但子产后来就解释说：“人朝夕退而游焉，以议执政之善否。”由此可以看出，这种场所不是学校，而是某种公众集会之所，乡射礼、乡饮酒礼恐怕也都在这里进行，大约相当于欧洲古典时代的“广场”。封建时代的贵族子弟也确实接受教育，但按照古典文献的记载，这种教育通常由“瞽（gǔ）师”教以“乐”，所谓瞽师，是通过口耳相传记诵着诗、乐的盲人。

因此，我们所熟知的“学”乃是孔子创造的。孔子整理六经，用以教授子弟，这些子弟多为庶民。孔子与弟子组成的社团系中国历史上第一个民间社团，是“公民”社会的滥觞。

这听起来有点突兀。重要的是理解，封建时代，没有政府、社会之分。人们生活在紧密的共同体内，这个共同体的治理是混融的。即如欧洲封建时代，根本没有所谓公法、私法之别，由封建的法律体系演变而来的英美法律体系，至今依然有这个特征。

封建制崩溃之后，人们从这一混融的封建共同体中游离出来，才出现了政府与社会之分。而从时间上看，政府首先形成。这就是孔子时代已见雏形、战国时代成熟的王权制政府。社会的形成则要缓慢得多——并非有人就有社会，人们只有通过某种制度联结成为团体，才有社会。

孔子组织的师徒共同体就是中国第一个现代社团。这是一个陌生人组成、存在于政府之外的社团。这群人不是官员，但他们关心公共事务。“君子”的含义因此发生了根本变化：封建时代，君子指贵族，现在则不是指贵族，而指具有知识、德行，而又心系天下的人。他们是名副其实的“公”民。孔子创造了中国的公民社会。孔子以后，儒生组成的公民社团就成为制度变迁的主要推动力量。

战国时代，各国混战不已，秦国最终胜出，并建立了秦制，一种几乎处处与周的封建制相反的制度。儒生所受教育以孔子整理之“五经”为本，“五经”所承载者恰为封建的制度与精神，因而儒生天然反秦制。

七、共治体制：宪政性质，但有重大缺陷

秦以后的中国历史就是抱持着复封建之理想的儒生反对秦制的历史。这种反抗不仅体现在气节之类的精神与王道、仁政等理念上，更体现在制度上，这就是士大夫与皇权共治体制。余英时先生在《朱熹的历史世界》中，阐述了宋代儒者追求“共治”的努力。笔者将这一概念予以扩展，并认为，董仲舒所策动的汉武帝时代及以后的“复古更化”，就是一场宪政主义革命，其结果则是建立了“共治体制”。

董仲舒非常简练地描述了汉儒所向往的治理结构：“以人随君，以君随天”，“屈民而伸君，屈君而伸天”。万民确实应当服从君王，这是维持秩序之所必需。但是，君王决不是最高的，君王之上有天。秦始皇相信自己就是天。儒者则宣告，皇帝不是天，不过是“天之子”，他必须服从天。更为重要的是，天意只有儒者能够理解，也只有儒者有能力提出政策方案，对上天的意见作出正确的回应。

由此，儒者就打通了进入治理架构的通道，从而对秦制发动了一次根本性改造。皇权退让，儒家士大夫进入治理架构内，汉承袭自秦的治理架构发生了相当重大的变化，而转换成为皇权与士大夫“共治”体制。大体上，从董仲舒—汉武帝时代到晚清，正常状态下的治理架构均为“共治体制”，尽管士大夫分享权威的程度不等，其间也发生过重大的波折、变化。

这一共治体制的哲学表达是道统、学统高于政统，而在治理架构上，共治至少体现为三个互相关联的面相：

第一，借助于独尊儒术的制度安排，接受过儒家教育的士人大规模进入政府，逐渐改变了秦制以文法吏为主体的政府形态，而建立起钱穆先生所说的“士人政府”。儒家士大夫具有明确而强烈的道德和政治主体性意识，他们组成的士人政府与皇权间出现了微妙的分立。士大夫一直试图对皇权予以控制和约束，两者之间经常发生分歧乃至激烈冲突。

第二，借助于儒术的权威和进入政府获得的资源控制权，儒生共同体也在社会中开始树立治理的权威。儒生通过讲学等方式结成一个既有地方性，也有全国性的社团。同时，儒家士大夫构造了家族等社会自主治理组织。重要的是，皇权也承认儒家所代表的社会自主治理组织拥有一定的自治权利，由此才有了人们今天经常提及的“皇权不下县”。

第三，西汉中期以后，也出现了刑治与礼俗之治共同治理的格局。秦制是单纯的“刑治”，政府管理社会的唯一规则体系是刑律，执行刑律的主体是文法吏，这样的刑治体系类似于现代的警察国家体制。儒家深度进入社会治理架构后，封建的礼治部分恢复，演化为基层社会的“礼俗”之治。礼俗中渗透着儒家精神，其生成者、执行者也主要是社会中的“儒家绅士”。这样的礼俗之治是社会自主治理之本，官府主导的刑治则退缩到较为狭小的范围中。

由此可以看出，共治体制的基本框架确实是皇权制，但儒生进入，形成了汉宣帝所说的“霸、王道杂之”。皇权是霸道，儒家士大夫代表王道。儒家士大夫对皇权有所妥协，但也有所抗衡，限制了皇权的暴虐。因此，相对于秦制的皇权绝对专制，共治体制具有一定程度的宪政性质。过去2000年，中国文明之所以还保持了一定活力，就是因为儒家对秦制有所抗衡与驯服。

当然，我绝不认为这个共治体制是完美的。它确实存在重大缺陷，因而也就难免“治乱循环”。具有道德理想主义的儒家士大夫也清楚地知道此制度的内在缺陷，并苦苦寻找解决方案而不得。19世纪末，当他们接触到西方现代制度之后，相当欣喜，而对此采取积极的学习态度，因为，儒家向来就具有限制绝对权力的意向和精神。

八、这才是中国传统、中国精神

中国人向来都在追求尊严和自由的生活与文明、理性的制度，并取得了相当成就，这样的中国传统构成今天中国人走向优良治理的出发点。

儒家追求人自由与尊严的精神及其所创造的制度，构成了真正的中国传统，一种值得令人珍惜、思考、发展的传统。

中国历史中也存在第二种典范，即法家的物质主义理念及其所支持的秦之皇权专制。“霸、王道杂之”，这两种传统始终交织、纠缠在一起。因此，中国2000年历史也就呈现出十分明显的双面性：有时很混乱，有时很清明；有时很残酷，有时很理性；人民好像是自由的，转眼间他们又毫无尊严可言。这样的双面性可由共治体制得到完满解释。

100多年前，震惊于西方的现代景象，焦虑而不免焦躁的人们为着论证变革的紧迫性，更多凸显中西之不同，为此而刻意凸显霸道之主导性，如谭嗣同所说：“二千年之政，秦政也，皆大盗也。”这一说法影响深远，主宰了此后百年国人的历史认知。袁老师对我的批评，自有百年知识传统支持。

但在我看来，这看法终究不是理性的、客观的，不可取。因为，这样的认知完全有可能取消变革的任何可能性：假如中国2000年甚至5000年确实皆行专制，那就足以证明，限制、剥夺人的尊严和自由的制度最适合中国的国情、民情。这个族群只能过被人管制、奴役的生活，不可能过有尊严和自由的生活，因为，从历史看，他们没有这种意向，也没有养成这样的技艺。

对中国历史更客观的认知，有助于打破这一迷信。为此，我着意于发掘中国历史中儒家所代表的向上的传统。这是客观存在的历史事实，只不过因为理论和激情的遮蔽，而被人们有意无意地忽略了。这一传统至少表明，中国人向来都在追求尊严和自由的生活与文明、理性的制度，并取得了相当成就，因而也积累了自由生活的技艺和构建优良制度的技艺。在这一点上，中国人与其他族群没有区别，并且，因为历史漫长而多有曲折，显得更坚韧、执着。这正是最为可贵的中国精神。这样的中国传统构成今天中国人走向优良治理的出发点。这传统不是死的，而是活的：在传统保存较为完整的东南沿海地区，社会自治相当发达。这就是优良治理的基础。透过这活生生的传统，可以深入理解西学的精髓；当然，透过西学，我们可以探究传统的限度及其“新生转进”之道。

儒家的限政只能是徒劳

——再与秋风先生商榷

■ 易中天

一、儒家的惆怅

我一向认为，学术论争，求同比存异更重要，也更难。因为“各自表述”的前提，总得是“某种共识”，否则便是“鸡同鸭讲”。幸运的是，我在秋风先生《儒家一直都想限制绝对权力》（2011年6月30日《南方周末》）那里，找到了讨论的基础，并愿意就此展开。

首先，我同意“儒家反对绝对权力”。因为一旦“绝对”，便不“中庸”，故此说应可成立。但要补充两点：一、儒家并不限制权力，只限制“绝对权力”。二、就连这，也是一厢情愿，甚至得不偿失、南辕北辙。秦汉以后历史的总体走向，是皇权的不断加强。最后，终于由集权而专制，由专制而独裁。

且看史实。西汉初年，倒不专制。中央既未过度集权，皇帝亦难乾纲独断。军国大事，例由三公会议，皇帝批准。三公（丞相、太尉、御史大夫）是实际上的执政者，皇帝不过是“橡皮图章”。但这样一种制度和局面，很快被武帝破坏（详后）。此后，历朝历代之所谓“有为之君”，都继承汉武，既收地方之权集于中央，也复收中央之权集于皇帝，而且愈演愈烈。

就说皇权与相权。汉代宰相是“领袖制”，唐代就改成了“委员制”（钱穆先生语）。中央政府只有“国务委员”，没有“国务总理”。这显然是为了削弱相权，加强皇权。但唐代“国务会议”（政事堂）的决议，却是定稿，叫“熟拟”。皇帝只能在上面画圈，叫“印画”。而且，皇帝同意的事情，宰相也可以驳回，叫“涂归”。也就是说，唐代的宰相，虽然地位低于汉代，却好歹还有决策权和否决权，皇帝反倒只有同意权。

这就多少还有点秋风先生所谓“君臣共治”的意思。但是到宋代，决策权和否决权，就都归皇帝了。宰相上朝，也只能站着，不再能“坐而论道”。到明清两代，宰相制度干脆被废除。皇帝一人，以国家元首之身份而兼政府首脑，直接领导政府各部门（六部）。被俗称为“宰相”的“内阁学士”（明代）和“军机大臣”（清代），其实不过是皇帝的“政治秘书”。应运而生的，则是明代的“特务组织”（厂卫），清代的“暗箱操作”（密折）。前者的黑暗，后者的专横，想必大家都耳熟能详。

至此，帝国的统治，已是不折不扣的“一人政治”和“专制独裁”。所谓“君臣共治”，恐怕早就化为梦呓了。毫无疑问，确如秋风先生所言，在这个过程中，儒家当中那些“有识之士”（不是所有儒生），未尝不曾“试图对皇权予以控制和约束”，也未尝不曾与之“发生分歧乃至激烈冲突”。然而结果如何呢？事与愿违，徒唤奈何！

这是儒家的惆怅，也是我们的惆怅。

二、莫把狸猫当太子

问题是何以如此。

有直接原因，也有根本原因。直接原因，在于秋风先生十分看好的那位汉武帝，恰恰是个“强权主义者”，也是“皇权主义者”。正是他，破坏制度，在宫廷之内另设政府，由大司马主持工作（西汉称“领尚书事”，东汉称“录尚书事”），叫“内朝”，也叫“中朝”。宰相（三公）主持的政府（公府），则叫“外朝”。这就等于是“一个国家，两个政府”，岂非胡闹？更重要的是，内朝权倾中外，外朝形同虚设，实际上是汉武帝的“小朝廷”，取代了国家的“大朝廷”。目的，则是要集中央之权于皇帝，以便大权独揽、乾纲独断。后世之“由集权而专制，由专制而独裁”，即从此开始。这样一个人，怎么会喜欢“宪政”？

汉武帝不是“宪政主义者”，董仲舒也不是。就连他的“儒家身份”，我看也可疑。比方说，孔子至少不反对民间可以有思想，他自己就是民间思想家。而且，按照秋风先生对“攻乎异端”的解释，则他老人家还应该主张思想和言论的自由。然而董仲舒，却明确反对“师异道，人异论，百家殊方，指异不同”，主张将所谓“邪辟之说”消灭干净，用国家意识形态一统天下（《汉书·董仲舒传》）。请问，这跟法家的“太上禁其心，其次禁其言，其次禁其事”（《韩非子·说疑》），有什么两样？董仲舒这样说，他还是儒家吗？如果是，则儒家霸道；如果不是，则董某非儒。

其实，董仲舒跟法家一样，也是主张中央集权的。而且在他看来，天下既然一统，则舆论也该一律。统一的帝国，必须有统一的思想。只不过，得是儒家思想才行。这才有了“罢黜百家，独尊儒术”，也才有后来的“文字狱”。请问，这是宪政，还是专政？不要跟我说儒学多好多对，这跟它好不好对不对没关系。再好的思想，也不能独尊啊！

显然，汉武帝和董仲舒，根本就不可能搞什么“宪政主义革命”，而只可能进行政治交易——后者利用思想文化资源，为大一统政权的合法性加注，为帝国元首的至尊地位背书；前者则利用手中掌握的公权力，替儒家消灭异己摆平江湖。一个得以独尊，一个得以至尊，一个可以垄断学术，一个可以把玩天下，自然不难成交。

是的，董仲舒做交易时，也夹带了“私货”，这就是“为帝王师”。为此，他当然要强调皇帝作为“天子”，必须服从“天意”，然后把“天意”的解释权捏在自己手里，捏在儒家手里。这无疑也有积极作用。比方说，后世那些“真儒”，可以借此机会推行“仁民爱物”的主张。某些开明的君主，也会部分采纳儒生的建议，或放宽政策，或减缓聚敛。这虽非儒家理想中的“仁政”，却好歹要比“苛政”或“暴政”好。

但必须指出，这不能叫“革命”，更谈不上“对秦制发动了一次根本性改造”。因为经济基础没变，上层建筑也没变，只变了意识形态。当然，你可以说这就是革命。只不过，这命早就革过一回了。意识形态领域的“执政党”，不早在汉初就由法家变成了道家吗？你现在又换成儒家，这是革谁的命？秦始皇的，还是汉高祖、窦太后的？

也只能叫“参股”了。参股也不错。包括儒生进入政权机构，肯定利大于弊。可惜，儒家的“股权”却并没有保障。比方说，外戚、宦官、亲贵的势力，就往往不比士人小。话语权也一样。皇帝愿意听你的，你就是“代天立言”；不想听，你就是“妖言惑众”。如果碰上某个“真龙天子”，著有《圣祖圣谕》之类的教材，则他自己就是臣民的“伟大导师”，儒生也就只有“恭聆圣训”的份。这个时候，你还想解释天意，那是要小心脑袋的。

何况儒家要“参股”，先得交“投名状”，那就是负责教育人民臣服于君主，并不断灌输“君贵臣贱，君为臣纲”的观念。董仲舒说得很清楚，他们的主张，是“屈民而伸君，屈君而伸天”。可见，屈民，是“屈君”的前提。但，“屈民”易，“屈君”难。等到儒生伙同君主把人民压迫得没有出头之日时，再想来“屈君”，只怕就没有那么便当了。要知道，儒生也是“民”。他们在君主面前，难道不也该“屈”？

至于“伸天”云云，那就真是只有“天知道”，虽然样子是要做做的。再说了，强迫人民服从君主的政治，或者以此为前提的政治，能叫“宪政”吗？秋风先生这样大言不惭，难道就一点都不心虚吗？

三、所谓伊人，在水一方

董仲舒未必限政，孔夫子同样也不。倒不是说他反对限政，或主张专制，而是压根儿就想不到这问题。按照秋风先生的说法，孔子之前，是既没有政府，也没有社会的。政府都没有，你限的哪家子政？这两种说法，不自相矛盾吗？

我当然不同意“孔子之前无政府”，但同意孔子之时封建，秦汉以后郡县。这两个，有什么不同？封建是分权制，郡县是集权制。封建时代，天子分权予诸侯，诸侯分权予大夫。郡县时代，地方集权于中央，中央集权于皇帝。集权，才可能有绝对权力。分权，则不可能“绝对”。权力既不绝对，又何须限制？

何况按照秋风先生的观点，封建制从一开始就是“自由和宪政”

的。尽管我不同意这个说法，但也认为此时专制尚未发生。既然如此，孔子怎么可能会去“抗衡”，又怎么会冒出限政的念头？难道孔子掐指一算，算出后来会有秦皇汉武？未卜先知啊？

没错，诚如秋风先生所言，孔子生当封建制松动之际，君臣关系已开始变化。问题是，这关系怎么变的，又变成啥样了？就说孔子所在之国吧，是三家大夫（季孙氏、孟孙氏、叔孙氏）专了鲁国国君的政，他们的家臣（比如阳货）则专了他们的政。这也叫“君主专制”？对不起，这叫“犯上作乱”，叫“礼坏乐崩”。

正因为礼坏乐崩，才要恢复“君臣父子”的封建秩序。当然，孔子并不主张什么“君要臣死，臣不得不死；父要子亡，子不得不亡”。相反，在孔子看来，君对臣要有礼，父对子要有爱。但，君仁父慈，绝不等于臣子可以不忠不孝，可以“僭越”。如果像春秋那样，八佾舞于庭，周鼎问于楚，那就“是可忍，孰不可忍”！

因此，孔子要高举“克己复礼”的旗帜，把“正名”看作头等大事和当务之急，坚决反对“陪臣执国命”，反对“礼乐征伐自诸侯出”（《论语·季氏》）。这些话，哪有“以封建制对抗君主专制”的意思？孔子更担忧的，怕不是“君的霸道”，而是“臣的跋扈”吧！

那么，秦汉以前，有没有过集权和集权主义？有，但可惜是在孔子之后。地点，在秦公国；时间，在秦孝公时期；始作俑者，即为商鞅。商鞅变法的重要内容，就是废领主制，行地主制；废世袭制，行任命制；废封建制，行郡县制。所有这一切，都是为了把原来分散在贵族们手中的权力，集中到国君。这才成就了秦孝公的“霸业”、秦始皇的“帝业”，也才有了要不要限政的问题。这些都是孔子以后的事，他老人家哪里想得到？

孔夫子想不到，董仲舒则做不到。为什么？分权制大势已去，集权制方兴未艾。西汉初年，迫于形势，刘邦不得不折中调和，采取“一国两制”的方针，在天子直辖地区设郡县，畿辅之外封王侯。这就是郡县与封建并存的“郡国制”。结果，麻烦不小，动乱不断。这才有高祖的“白马之盟”、晁错的“削藩之策”。而且，直到武帝采取“推恩之法”（分封藩王子弟以削其权），才算搞掂。

显然，中央集权这事，汉初统治者“非不欲也，乃不能也”，于是成了留给武帝的“政治遗嘱”，也是他要实现的“宏图大业”。在此形势之下，董仲舒来跟汉武帝谈分权，谈什么“君臣共治”，不是找不自在吗？就算董仲舒敢讲，汉武帝也听不进去。哈哈，你说朕不是天，是“天之子”？那正好说明大汉王朝奉天承运，政权合法，与“限政”何干？限政？老子还正准备从宰相那里“夺权”呢！

众所周知，宪政并不简单地就等于限政。但没有限政，则肯定谈不上宪政。既然限政这事，孔夫子想不到，董仲舒做不到，则儒家的政治理想中，又哪来的“宪政主义”？

呵呵，所谓伊人，恐怕“在水一方”啊！

四、帝国没有董事会

实际上，秦汉以后，不要说“宪政革命”，就连“君臣共治”，也是一厢情愿。因为秦汉以后的官员，已大不同于春秋。春秋的大夫是“帮忙的”，秦汉以后则是“打工的”。春秋的大夫，原则上世袭。他们原本是君主家人，或王室旁支，或诸侯子侄，故曰“公子王孙”。他们的齐家（打理采邑）、治国（治理封国）、平天下（辅佐王室），是“尽义务”，不是“挣薪水”。虽然也有“非世袭大夫”

（孔子就是），那也是请来帮忙的（当然有酬劳），故可“合则留，不合则去”。君臣双方，也客客气气，一方事之以忠，一方使之以礼，这才被秋风先生误认为是“契约关系”。其实，是“亲友关系”。

春秋的大夫“非亲即友”，秦汉以后的官员则“非奴即仆”。当然，有过程。前期，或许尚有周代遗风，是“半友半仆”。士大夫在皇帝面前，有时还能保持一定尊严。然而越到后来，就越是斯文扫地。明代，官员们只要一言不合，就可能被拖出午门，在众目睽睽之下扒了裤子打屁股，叫“廷杖”。清代倒是不打屁股，却规定见了皇帝，汉族官员只能称“臣”。满族亲贵和侍从，才能称“奴才”（太监不论满汉均称“奴婢”）。这表面上看是“礼遇”，骨子里却是“歧视”。意思也很清楚：你们汉人也想当“奴才”？你还不配！

当“奴才”成为资格和待遇，则君臣之间，便已是“主仆关系”。其缘由，则在于从春秋到秦汉，过去的“亲友关系”，已逐渐地转变为“雇佣关系”。我们知道，郡县制的核心是中央集权。按照这种体制，天下一统，四海一家，皇帝拥有绝对的主权和治权。唯一做不到的，是把所有的事情都管起来。这就要雇人打工（场面上的说法，叫“给皇上当差”）。正因为是“打工”，所以不能世袭，只能任命。这就是“官员代理制”或“皇权代理制”。

这些被任命的“高级打工仔”，就是各级官员。他们或供职于朝廷，或牧民于地方，但无一例外，都是“职业经理人”或“皇权代理人”。秦汉到魏晋，主要是“皇权代理人”。其中，还不乏皇帝的铁哥们或小舅子，即“勋贵”和“外戚”。隋唐实行科举制度以后，就主要是“职业经理人”了。对于他们来说，当官，更多的是一种职业，一个饭碗，一个脱贫致富、光宗耀祖的途径。因此，即便在初入仕途之时，尚有儒家的政治理想，也会在官场的扑腾中，逐渐让位于现实的考虑。指望他们来抗衡皇权，可能吗？

事实上也不可能，因为制度不允许。依照秦汉以来的帝国制度，皇帝好比牧场主，官员好比牧羊人，老百姓则是羊。牧场主开明，管得宽松一点，是可能的，这就是“仁政”。牧羊人自律，不拼命薅羊毛，也是可能的，这就是“廉政”。但要说牧羊人也参加“董事会”，限制董事长的权力（限政），就不可能。羊儿们召开“股东大会”，制定“游戏规则”，不许董事长、总经理为所欲为，还要公开账目（宪政），就更不可能。哈，帝国可没有什么“董事会”，只有“办公厅”和“办事处”，它们分别叫“朝廷”和“衙门”。朝廷和衙门里，可是没有“民意代表”的。民意代表都没有的政治，也能叫“宪政”？

春秋的制度没这需要，秦汉的制度又不允许，再加上君臣关系逐渐由“雇佣”变成“主仆”，则所谓“儒家的限政”，请问有多少可能？

问题是，就算当时的制度，是“皇帝授权，官员代理”，则君臣之间，也顶多不过“雇佣”，反倒有可能变成秋风先生情之所钟的“契约关系”。法家就这样主张。在他们看来，所谓“君臣”，无非“主卖官爵，臣卖智力”（《韩非子·外储说右下》）。只要“公买公卖”，也就“礼尚往来”，臣下何至于“为奴为仆”呢？

抱歉，这就怪不得别人，只能怪儒家自己了。

五、系铃偏是解铃人

把君臣从雇佣变成主仆的，是儒家吗？是。谁干的？董仲舒。董仲舒干了什么？在《春秋繁露》里提出了“三纲五常”。只不过在他那里，是三纲和五常分说。到宋代朱熹，则开始联用。此后直到清末，都被儒家奉为道德的规范、行为的准则。因此，如果说董仲舒在历史上有什么“创造”和“奉献”，当“唯此为大”。

这玩意一提出来，就从精神上和心理上，根本杜绝了儒生抗衡皇权的可能。因为三纲之首，即是“君为臣纲”。也就是说，帝国好比渔网，君是总绳（纲），臣是网眼（目）。世界上，哪有网眼抗衡总绳的？也只能总绳让你张你就张，让你闭你就闭吧？

当然，也有别出心裁，另做解释的。比如韩国学者赵骏河，便认为“纲”是“模范”的意思。君为臣纲，即君为臣之模范；父为子纲，即父为子之表率；夫为妻纲，即夫为妻之榜样（赵骏河《东方伦理道德》，吉林人民出版社2004年版）。呵呵，就算是吧，却不知如何运用于限政。比方说，汉武帝要穷兵黩武、扩军备战，要从宰相那里夺权，你咋办？顺着来？那就限不了政。拧着？又没拿皇上当榜样。

其实“三纲”的意思十分明显，就是要服从，至少也得顺从。孝顺，孝顺，不顺，则不孝。同样，不顺，则不忠。所以，就算有个别官员要限政，要限制皇帝的绝对权力，那也得先顺着，再慢慢想办法。但顺着顺着，没准就把自己给顺进去了。这也正是历史上虽有士大夫“试图对皇权予以控制和约束”，甚至发生激烈冲突，却只能一退再退，最终集体沦为奴仆的原因。君为臣纲，是他们无论如何也迈不过去的坎儿啊！

这就是董仲舒的“功德”！汉武帝还只是摧残了司马迁的肉体，董仲舒却摧残了读书人的灵魂。而且，“三纲五常”的观念越是被强化，士大夫和知识界在精神上就越是阳痿。难怪“马仔”会变成“奴才”了。君为臣纲，就是逼人“自宫”嘛！

能够成为心理支持的，只剩下气节。这倒是孔子留下的宝贵遗产，即“三军可夺帅，匹夫不可夺志”。但，你有气节，我有屠刀；

你的头多，我的刀快。谁硬得过谁？不要说什么“杀了我一个，自有后来人”。明成祖，不是“株十族”么？哪里只杀你一人！

所以，气节也不总能靠得住。更何况，即便是“武死战，文死谏”，也往往是针对具体问题。针对制度的改革，很少。能想到建立限制绝对权力的制度，就更少。因为在这里，同样有一道迈不过去的坎儿，那就是皇权要不要维护？回答则是肯定的。因为皇权是皮，他们是毛。皮之不存，毛将焉附？

那时又没有别的“皮”！

这就无可奈何了。尤其是，当这些“皇权代理人”形成了“既得利益集团”，就更会把皇权当命根子。想想看吧，没有了皇权，钱怎么捞，租怎么寻？因此，维护皇权，是“朝廷命官”们的第一要务。至于在野的儒生，是限不了政的。他们又不是议员，谁听他的？

既然“限政”（限制皇权）只能以“维权”（维护皇权）为前提，则儒家当中那些有识之士所能做的，也顶多只是给日益加速的专制倾向，制造一点摩擦力。但这也多半是出于“仁政理想”加“中庸之道”，比如不要“聚敛过度”，不要“与民争利”，多少也算维护了一点民权。但离“宪政主义”，则只怕还有十万八千里。

何况皇权的日益膨胀，儒家原本就“与有力焉”。想当年，刘邦初登大位，尚不知如何君临天下。是叔孙通制定礼仪，让他找到了做皇帝的感觉，也让群臣“莫不振恐肃静”。此后，尊王攘夷，就一直是儒家高举的旗帜。君尊臣卑，也一直是儒家坚持的理念。好嘛，你让他黄袍加身，冠冕堂皇，又要他再脱下来，岂非“与虎谋皮”？你自己三跪九叩，匍匐在地，却要跟他讨价还价，岂非“痴人说梦”？

六、风物长宜放眼量

现在，事情已经很清楚，限制绝对权力这事，指望皇帝自觉，是一厢情愿；以气节对抗强权，是得不偿失；用忠诚换取限政，是南辕北辙。因为你越是忠，就越得顺；越是顺，就越会助长皇权的气焰。结果是什么呢？是“风波亭”，是“袁崇焕”，是儒家“得寸”，皇权“进尺”。所有的努力，都注定是徒劳，如果他们真有那想法的话。

这当然难免让人沮丧、郁闷、苦恼、纠结，甚至愤怒。秋风先生说——

假如中国2000年甚至5000年确实皆行专制，那就足以证明，限制、剥夺人的尊严和自由的制度最适合中国的国情、民情。这个族群只能过被人管制、奴役的生活，不可能过有尊严和自由的生活，因为，从历史看，他们没有这种意向，也没有养成这样的技艺。

这个反问有道理，我完全赞成，而且也不难回答。

第一，中国并非“2000年甚至5000年皆行专制”。战国之前就不是，或基本不是。秦汉以后，也不都是，只不过总体倾向，是“由集权而专制，由专制而独裁”。但即便专制独裁如明清，也不是天天专制，事事独裁。松动之处有，开明之时有，可圈可点之事，也有。这里面的情况一言难尽，原因也错综复杂，很需要慢慢梳理。不过可以肯定，对于愈演愈烈的专制独裁倾向，儒家是既“有所阻拦”，也“推波助澜”，可谓“功过参半”。何况儒家也有先后，有派别，并非“铁板一块”，岂能一概而论？

第二，中国人也不是没有，或不曾有过“尊严和自由的意向”。这种意向，我们从来就有。儒家有，诸家也有；孔子有，孟子更有。而且在我看来，后者比前者还更强烈。比如自由，是儒家讲得多，还是道家讲得多？比如平等，是儒家讲得多，还是墨家讲得多？再比如尊严，是孔子讲得透彻，还是孟子讲得到位？只要不带偏见，就能得出客观的结论。甚至就连秋风先生不喜欢的法家，只怕也非一无是处，毫无可取啊！

因此我的主张，是尊孔不如崇孟；独尊儒术，不如博采众家。发掘中国历史中“向上的传统”，无疑是对的。但不必“一叶障目”，只在儒家这一棵树前“守株待免”。我们应该放眼整个中华传统，尤其要注意发掘那些“因为理论和激情的遮蔽，而被人们有意无意地忽略了”的“非儒家传统”。那可是一个“广阔的天地”，在那里是可以大有作为的。

第三，至于有没有“养成这样的技艺”，倒是一个真问题，也是一个大问题，还是一个大难题。道理很简单，如果说“没有”，就意味着我们这个族群，只配过“被人管制、奴役的生活”；或者虽有“尊严和自由的意向”，却其实不能实现，甚至也从未实现。这当然不是事实，也逻辑不通。一个“只配被人管制、奴役的”民族，是创造不出伟大文明的。同样，如果说这套技艺，我们不但拥有，而且完美，那么，为什么越到后来，就越是专制，越是独裁？这又讲不通。再说了，如果当真先前什么都好，那么，回到三皇五帝、唐宗宋祖即可，搞什么变革呢？辛亥革命、五四运动等等，岂非多余，而且有害？

对此，我个人不成熟的看法是：“创造自由生活”和“构建良好制度”的技艺，我们从来就有，而且很早就有，甚至堪称“身怀绝技”。但也正因为如此，就难免有缺陷，难免出问题，也难免在遭遇西方文明，建设现代文明之时，进退失据，左右为难。因此，很需要理性对待，科学分析，需要客观公正地是其是，非其非。在此前提下，我同意秋风先生“新生转进”的说法，并认为果能如此，我们民族将对人类文明再次作出重大贡献。

不过这事说来话长，还是从长计议，且听下回分解吧！

不能这样糟蹋中国传统文化

——再评秋风的孔子观

■ 袁伟时

拜读了秋风兄的《儒家一直都想限制绝对权力》（2011年6月30日《南方周末》）和近日在网上推出的《你可能不知道的董仲舒》后，不禁哑然失笑。为了神化孔子和儒家，秋风兄横扫王国维、李济、张光直等大师的学术成果！孔子和儒家却没有因而沾光。

“自由的”西周是怎样打造出来的?

为了塑造“自由的孔子”，秋风兄需要一个“自由的”西周。像魔术师一样，一个“自由的”封建制的西周，果然在他笔下诞生。

这个自由的西周是怎样打造出来的?

第一是混淆西周封建制与此前1000多年的社会差别。

秋风兄断言：“有可信文字记载的尧舜时代至春秋，中国治理架构为封建制。”

尧、舜、禹虽然文献有记载，但都是传说年代，至今没有找到充分的考古材料，而且商代以前，中国还没有文字，何来“有可信文字记载的尧舜时代”？直到传说中的夏代，大体上还是部落社会，国家顶多处于萌芽状态。秋风兄却一口咬定那就是封建年代！这是一个非常大胆的论断，有证据吗？

殷商、西周、春秋分别约生存了554、275、294年，一共历时约1130年，社会和政治制度也有无法抹杀的差别。史学界的共识是：“周王朝的早期，根据一些可用的考古资料看，其物质文化大量保持着与商朝同样的成分。然而社会变革和政治改革是明显的。”主要变化之一是：“先周时期的许多部落单位的松散联合体，如今汇成一个紧密的大帝国。”

王国维对西周新制特征的论断至今仍为史家认同：

“周人制度大异于商者：一曰立子立嫡之制。由是而生宗法……之制，并由是而有封建子弟之制，君天子臣诸侯之制。”

换句话说，中国封建制始于西周，而且是以等级和服从为特征的宗法封建制。不能将传说中的尧舜禹时代的制度与西周相提并论，就是殷商的制度也有很大差别。

第二是对周公建立封建制度过程和性质的歪曲。

秋风兄振振有词说：

“周制的封建的君臣关系乃是一种契约性关系。君臣订约，一般被称为‘策名委质’，周王与诸侯建立关系的过程则被称为‘策命’。订约过程的核心是在宗庙中宣读一份确立双方权利—义务的文书。《尚书》所收《微子之命》《蔡仲之命》《康诰》及后面几篇冠以‘命’的文献，就是君臣订约的文书。”

“在这样的君臣关系中，双方就不是绝对的上下尊卑关系，而具有伙伴、朋友的性质……周王明确地将诸侯称为‘友’、‘朋’。每个君与他的臣组成一个共同体，他们就本共同体的重大事务进行共同决策，包括决定继嗣之君。”

首先是时间上的错误。在殷商和西周建立初期，周公“制礼”——建立封建制度以前，君臣大义确实尚未真正确立，那些比较平等的称呼出现在这个时期。

王国维早就指出，直至殷商“盖诸侯之于天子，犹后世诸侯之于盟主，未有君臣之分也。周初亦然，于《牧誓》、《大诰》，皆称诸侯曰‘友邦君’，是君臣之分亦未全定也。逮克殷践奄，灭国数十，而新建之国……本周之臣子……由是天子之尊，非复诸侯之长，而为诸侯之君……盖天子诸侯君臣之分，始定于此”。

武王逝世，按照殷商兄终弟及的制度，周公完全可以自己登基（一说周公已登基而传位给弟弟——成王）。但是，为了稳定政治体制，周公确立了嫡子继承制，这成为西周封建制度的一大特色。

一再引起争斗的殷商嗣位制度被废除了；西周宗法封建制建立起来了，秋风兄说的挑选继位者的办法也终结了。至于“每个君与他的臣组成一个共同体，他们就本共同体的重大事务进行共同决策，包括决定继嗣之君”的梦幻本来有很大想象成分，此后更不见踪影。

秋风兄说：“《尚书》所收《微子之命》《蔡仲之命》《康诰》及后面几篇冠以‘命’的文献，就是君臣订约的文书”确实美妙。可惜，除《康诰》外，都是早有定论的伪书。用伪造的文书来证明自己的所谓新发现！

例如，秋风兄的新作《你可能不知道的董仲舒》说得振振有词：

“《泰誓中》篇简明地概括了天道宪政主义的基本框架：‘惟天

惠民，惟辟奉天’。‘辟’就是君王……君王须敬畏上天。借助于天的权威，礼或者法律才具有压倒君王的权威，人民才有免于君王的意志之暴虐统治的可能性。”

可是，《泰誓》是古文《尚书》中的一篇。从朱熹开始，就怀疑古文《尚书》是伪书，至清代经过阎若璩详细考证，遂成定案。

第三个错误是拿春秋（公元前770——前476年）的史料用于西周。

秋风兄说：“君臣关系的相互性也决定了一个基本伦理原则：‘君臣以义而合。’《左传·昭公十三年》记载了春秋时代一句谚语：‘臣一主二。’晋儒杜预注：‘言一臣必有二主，道不合，得去事他国。’”

春秋时代列国分立，周王作为“共主”，虚有其名。那时出现“臣一主二”非常自然，与西周大一统局面下的君臣伦理完全不同，怎么能混为一谈呢？

第四个错误是文献解释上的随意性。

秋风兄说：“周代宗法制极大地不同于后世的宗族制度。去古不远的汉儒结集之《白虎通义》，对此说得非常清楚：‘宗，尊也。族者，凑也，聚也，谓恩爱相流凑也。’‘宗’和‘族’的指向是正好相反的，‘宗法’之要旨乃在于以君臣之义，切断血缘关系。”

首先，让我们查阅《白虎通义》，看看是怎样说的吧：

“宗者，尊也。为先祖主者，宗人之所尊也……古者所以必有宗，何也？所以长和睦也。大宗能帅小宗，小宗能帅群弟，通其有无，所以纪理族人者也。”

意思非常清楚，宗是家族血缘关系中的尊长，族人通过这种血缘关系体系紧密聚合。

再看看《白虎通义》对族的解释吧：

“族者，凑也，聚也……上凑高祖，下至玄孙，一家有吉，百家聚之，合而为亲，生相亲爱，死相哀痛，有会聚之道，故谓之族。”

实际生活中，宗族固然是血缘关系的聚合体；《白虎通义》的解释也绝对没有“‘宗’和‘族’的指向是正好相反的……切断血缘关系”的意思。

其次，看看秋风兄的论断与现有学术成果的差异吧。

哈佛大学教授张光直先生是海内外公认的考古学和殷商、西周史研究的泰斗。他有一个很重要的结论：

“在研究中国古代文明和国家起源时，常有这样一条法则：在古代王国文明形成过程中，血缘关系渐被地缘关系所取代，政治的、地缘的团体占的成分比亲属占的成分越来越厉害和强烈，而亲属关系则日趋衰微。这是根据外国古代史所得的经验作出的结论，用它来看中国似乎很合理，然而是错误的。因为在中国古代，文明和国家起源转变的阶段，血缘关系不但未被地缘关系所取代，反而是加强了，即亲缘与政治的关系更加紧密地结合起来。”

大师们的结论当然可以推翻。但是，您得拿出经得起推敲的证据来。

第五个错误是凡是不合己意的史料，则干脆一笔抹杀！

孔子杀少正卯，不是孤证。秋风兄一句是荀子捏造的，就跳过去了。研究孔子多年的北京大学李零教授关于孔子诛少正卯，说过一段话：

“此说是先秦两汉旧说，宋以来否定此说，皆出卫道，毫无根据。赵纪彬的考证，虽有‘批林批孔’时期的政治色彩，但史料详备。”

一个严肃的学者要否定孔子诛少正卯，必定把赵纪彬的论据和结论考查一番，提出自己反驳的论据。可惜，秋风兄没有遵守这条学术研究的通行规则。

董仲舒和儒者是监督者还是依附者?

说董仲舒创造了一个足以牵制皇权的共治体系，是秋风兄另一令人瞠目结舌的结论。

第一，董仲舒究竟提倡什么?

在中国思想史上，董仲舒引人注目的特点，是把阴阳家和方士的谶书和儒生编造的纬书冶于一炉，编造一套天人感应学说。这套学说基本的一面是维护君权至上的专制制度，即使提醒皇帝提防天谴，也是忠诚地为皇上打扇。

1. 在儒学历史上，他明确地树立三纲为不可逾越的道德标准和社会的基本架构。

孔子一直强调等级、名分不能逾越。后来的统治者把这个思想固化为社会制度。

人们通常都说，秦朝实行的是法家学说。陈寅恪先生独具慧眼，指出秦始皇“行同伦”是将儒家伦理法制化了。汉承秦制，此后，中国传统的政治制度没有大变化，是学界的共识。历代法典的基本架构就是儒家的三纲，魏晋以后，法典进一步儒化，这也是众多中华法系研究者认可的不刊之论。这与法家也是专制制度和三纲的支持者，并不矛盾。

三纲是儒法两家的共识。但法典的演变是把儒家的经典作为释法的根据，同时加进了法家不能接受的按尊卑、亲等判刑的内容，现存的传统法典确实是儒家学说的法制化。

摒弃秦代的苛政，是西汉始建以后，众多儒生致力的事业。陆贾《新语》、贾谊《过秦论》等名篇，起了重大作用，但他们都是在“汉承秦制”的基础上要求注入仁政而已。董仲舒在这个过程中，不但没有跳出儒法两家联手建造秦代制度的窠臼，而且把三纲确定为他的天人感应主张的重要基础。他说：

“王道之三纲，可求于天。”

“屈民而伸君，屈君而伸天，《春秋》之大义也。”

三纲与自由是格格不入的。他的主张与保障人的自由为职志的宪政是背道而驰的。

2. 孔子开创的名教，基本含义是教化子民，遵守名分——等级制。董仲舒秉承名教思想，指点执政者坚持政教合一，把教化被统治者放在首位。用董仲舒自己的话来说是：

“教化立而奸邪皆止者，其堤防完也；教化废而奸邪并出，刑罚不能胜者，其堤防坏也。”

教的前提是坚持等级——名分。董仲舒为此对儒家的许多基本概念进行了明晰的诠释：

“礼者……序尊卑贵贱大小之位，而差外内远近新故之级者。”

秋风兄不是把儒家的礼治捧上天了吗？他口中最伟大的儒家、缔造中式宪政的董仲舒揭示礼治的实质是：

“序尊卑、贵贱、大小之位，而差外内、远近、新故之等级。”

不要望文生义，把儒家说的义等同于正义。董仲舒说：

“立义以明尊卑之分，强干弱枝以明大小之职，别嫌疑之行，以明正世之义。”

引入天命是不是可以成为制约君上的紧箍咒呢？董仲舒不能说完全没有约束君王胡作非为的意思，但主要内容是下要绝对服从上，全体要绝对服从君王：

“天子受命于天，诸侯受命于天子，子受命于父，臣妾受命于君，妻受命于夫。诸所受命者，其尊皆天也。”

他提醒中国人，朝夕相处的尊长就是天！一级压一级，层层都是天，一定要跪倒在尊长脚下！而西方的封建是有权利义务关系的。一位英国学者指出：在欧洲封建制度下，“没有人的地位高到具有不履行义务的特权，没有人的地位低到没有任何权利”。两者差别太大了，是17世纪以来中西历史走向迥异的决定性因素。

3. 统一思想，独尊儒术，堵塞言论和学术自由。

他说：“《春秋》大一统者，天地之常经，古今之通谊也……臣愚以为诸不在六艺之科孔子之术者，皆绝其道，勿使并进。邪辟之说灭息，然后统纪可一而法度可明，民知所从矣。”

秋风兄拾人牙慧，沿用徐复观先生的论断，认为董仲舒的上述观点没有扼杀思想和学术自由。其实，徐先生和秋风兄都没有注意到：这是官方建立意识形态统治的开端，此后，“离经叛道”是要掉脑袋或丢乌纱的。除了极少数备受打压的异端，其他思想流派都会恭顺地融入体制。中国古代的释道两家选择不与儒家的三纲冲突，从而找到作为茶点和清供进入知识阶层的门径；而作为大众信仰的佛教、道教，更是儒家的恭顺奴仆。当天主教与基督教走上与儒家冲突的路径，留下的则是血泪斑斑的历史。

4. 他是贻害2000年的政治挂帅的始作俑者。

他的名言：“夫仁人者，正其谊不谋其利，明其道不计其功。”

后世儒者视为经典，据此贬斥工商。毛泽东也继承了这个思想，而在“文革”中登峰造极。

宪政，即使在古代不完备的状态下，也有两个要点：一是分权，特别是司法要具有独立性；二是保障臣民或自由民的权利。在董仲舒的思想体系中，这两点都是没有的。更具讽刺意味的是，董仲舒本人的遭遇充分证明，实际生活中有君为臣纲的绝对权威，却没有丝毫秋风兄想象的“共治”结构：

“先是辽东高庙、长陵高园殿灾，仲舒居家推说其意，草稿未上，主父偃候仲舒，私见，嫉之，窃其书而奏焉。上召视诸儒，仲舒弟子吕步舒不知其师书，以为大愚。于是下仲舒吏，当死，诏赦之，仲舒遂不敢复言灾异。”（《汉书·董仲舒传》）

生死取决于皇帝一时的喜怒，人身安全毫无保障，何来宪政体系？而且这不是董仲舒一人的遭遇。

第二，2000多年来，儒生阶层的基本功能是什么？基本状态又如何？

秋风兄说：“皇帝要对天意做出正确回应，就须听从儒生的指令。也就是说，人间治理被纳入到天道秩序中的政治后果是，皇权被置于儒生共同体之下。儒生获得了立法权，皇帝的职能不过是执行儒生共同体制定的法律、政策。”

非常美妙的图景。可惜仅是秋风兄头脑中的幻象。

1. 这是缺乏中国官制史常识的想象。

实际情况是，这套天人感应的说辞不但没有限制住皇权，反而成了皇帝或其他掌握实权的执政者打击臣子的大棒！

东汉期间，外戚宦官专权，位极人臣的三公（宰相）无权。但是，“自安帝永初元年（公元107年）九月，因灾异策免太尉徐防，三公以灾异免自防始，后来遂成定例。无与职位相应的实权，却要代替外戚宦官负实际的责任，这也应算作历史的大滑稽”。

皇帝有病，宰相吃药！个别年代，由于皇帝昏庸或幼小，相权会大一点。但基本态势是秦始皇肇始的中央集权宗法专制的政治制度，一直是前现代中国的基本制度。宰相与其他大臣的权力，皇帝可以随意收回，他们的生死荣辱，都取决于皇上的喜怒。例如，北宋的蔡京，四次任相，共计17年，随着皇帝好恶的变迁起伏跌宕，乃至年届八十，仍然在贬官途中，客死潭州（长沙）。明代的张居正，位极人臣，权倾一时，当国十年，死后皇帝听信谗言，立即家破人亡，儿子自杀，家人活活饿死17人！

“君为臣纲”，双方是主奴关系；什么“契约关系”、儒生与皇权共治云云，不过是秋风兄过度灵活的脑袋的产物，与历史实际相距甚远。

2. 这是对历代儒生位置和功能的歪曲。

中国传统政权的特点是政教合一，君师合一，各级统治者都是师。思想、学术和教育没有独立地位，只剩下一个合法的职能：统治的工具，把圣贤的教导和皇上的“圣谕”灌输给子民，让他们服服帖帖做顺民。

简单地说，儒生毕生做两件事：一把儒学作为敲门砖。二是有幸成为官员，就忠实地为圣上效劳；无缘攀附，则授业解惑，为圣贤卖命。历代都有寥若晨星的特立独行之士，抗议统治者离开了圣人的教导；当社会危机尖锐之际，甚至出现太学生运动或东林党；孟子提倡浩然正气的熏陶，培植了这些民族脊梁。但这些都是罕见的异数，没有改变儒生依附皇权的基本社会结构。

古代中国知识阶层也有集会结社，但多半是诗酒自娱的雅集或小团体，除在社会危机特别严重的时期有政治性的结社外，没有出现名正言顺为知识阶层谋取行业性利益的团体，更没有发展出强有力的政治组织。因此，从太学、国子监到县学的官学系统固然一直是统治者的教化工具，即使是民办的书院也没有维护自己的权利和改变教学内容的强烈愿望，以大学独立、学术自由为标志的现代大学自然不可能在此基础上生长出来。除非接受外来的新思想，现代政党更不可能在儒生中诞生。

秋风兄说：

“由此逐渐形成‘察举制度’，各地举荐孝廉、贤良、文学出任官员……由此，政府结构逐渐发生根本变化，形成钱穆先生所说的‘士人政府’，从而形成了一种‘共治体制’。‘共治’的一方是皇权，另一方则是儒家士大夫。”

不幸，他忘记了一个基本事实：在古代中国，皇权是至高无上的。儒生的生死荣辱、儒家经义的解释和哪位儒者可以陪伴孔圣人吃冷猪头肉，都要由皇上裁决，侈谈与皇权“共治”，岂非痴人说梦？

在中国皇帝眼中，国、天下，都是他的家产。他们需要的是清客（文学侍从）和管家（能吏）。除个别篡权者，总的说来，他们不可能变为半个主人。

讲到近代中国，秋风兄更说：

“当你在评价董仲舒的时候，请记住一个简单的事实：清末主张宪政最力的康有为，就是以董仲舒思想为典范的。”

说清末主张宪政最有力的是康有为，经得起推敲吗？戊戌维新失败后，梁启超很快就取代康有为成为一代启蒙大师，立宪派无可争议的思想领袖和宪政有力的推动者，许多宪政文件都出自他的手。康有为在这个领域建树不多。

民国初年，各政党和民间人士纷纷提出自己的宪法草案，康有为也厕身其间，在他的《不忍》杂志上发表了这个草案。他草拟的宪法草案绝大部分内容，同其他草案一样，都是来自西方的。但有些地方也有自己的特色。例如：

1. 开宗明义就要国民“各守名分”。

2. 其他人的草案都说“主权在民”，他却强调“主权在国”。

3. 保留翰林院，或易名学士院，“其国中人士著书，皆交学士院定之”。辛亥革命的主要成果之一是学术自由、言论出版自由。康有为却要把出版审查写进宪法，这是当时众多宪法草案中绝无仅有的！

4. “以孔教为国教。”

5. “凡中华国旧传经义、典章、律例、法规者，未经民国议院特议删改，及核与民主政体不相违背者，一概照行。”

这些就是康有为对中国宪政的特殊贡献。

不同意见不是“汉奸”“西奴”

许多朋友都在问：“秋风究竟想干什么？”这个问题只能由秋风兄自己去解答。笔者有责任说明的是我为什么要那么坚决和尖锐地批评他。

第一，学术不容糟蹋。

秋风兄貌似学术的论断太随意，无暇考察已有学术成果的朋友往往上当。例如，秋风兄为了混同中西传统社会，作出一个论断：

“现代宪政制度发源于英格兰，扎根于中世纪宪政制度，其基本原则被13世纪英格兰普通法法律家布拉克顿概括如下：‘国王在万民之上，但在上帝和法律之下。’董仲舒提出的原则是相同的：皇帝在万民之上，但在天之下。”

可是，董仲舒口中的中国皇帝不在“法律之下”；而这恰好是有没有宪政的标志。天和上帝都是虚的，受不受实实在在的法律的约束，既是中西传统社会的根本差别，又是法治社会和专制社会的分水岭。秋风兄蓄意把礼治混同于法治，可是，礼治是名教，是巩固等级制的教化，与主体间有明确权利义务关系的法治风马牛不相及。这样的论断，连形式逻辑都不讲，不加揭露，行吗？

第二，对本国传统文化的尊重是理所当然的事情。但一些人把自己打扮为传统文化的化身和捍卫者，不同意他们观点的人就是“汉奸”“西奴”。应该直截了当说清楚，从新左派到国学派，他们拿传统文化说事，都围绕一个不变的轴心：想方设法修改宪政的基本原则和现代人类的共同价值。

第三辑

传统与现代转型

李泽厚：
改良不是投降，启蒙远未完成

■ 萧三匝

采访李泽厚前，我广泛征集问题，一个朋友问：“你要去香港吗？”没等我反应过来，他建议：“你可以问问他会不会接老超人的班？”原来他把李泽厚当成李泽楷了。

20世纪80年代，李泽厚是年轻人的“精神领袖”。他对中国历史和现实的论断表现出了一个思想家独特的深度和穿透力，这些论断中的大部分，今天也不过时。

20世纪90年代，李泽厚说，思想家正在淡出，学问家正在凸显。但在21世纪的中国，岂止思想家，学问家也已淡出了公众的视线。

有意思的是，虽然年届八十高龄的李泽厚常感寂寞，但他对中国当下以经济建设为中心的时代大潮并不感到失望。相反，他认为这很符合他的“四顺序说”。“经济基础是最重要的。”李泽厚说。

自1992年去国赴美教书，李泽厚每年都要回国住三四个月，他需要了解国内思想界动态和社会发展进程。当记者在中国社科院并不宽大的宿舍见到他时，他刚从欧洲游历归国——他也关注欧洲思想界的近况。老人很健谈，声若洪钟，思维敏捷，有问必答，一如既往地放言无忌。

李家客厅的墙壁上挂着25年前冯友兰送的对联：西学为体中学为用，刚日读史柔日读经。冯友兰的书法好，劲道与康有为相似。当年一片反对声中，冯友兰坚定地赞成李泽厚的“西体中用说”。李泽厚说，自己的思想早就形成了，多年来并无大变。这一点，颇似康有为，而与冯友兰有别。

在离开李先生家时，他一再强调自己对媒体寄予了极大希望。他跟记者握手，完全不像一个八旬老人的力度。

儒家：政治是政治，伦理是伦理

南方周末：你对中国传统思想很重视，写过《中国古代思想史论》和《论语今读》。你认为儒家思想可以与民主自由嫁接上吗？

李泽厚：我在书里其实干的就是这样的事儿，但我反对现在那些搞国学、搞儒学的。我从来不参加任何儒学活动，很多人请我，当院长、名誉院长的都有，我统统谢绝。我的文章，至今没有“国学”这两个字。

中国人讲政教合一，张之洞讲“中体西用”，“中学为体”是什么意思？就是要忠君。张之洞讲，可以改的是器械而不是圣道，可以改的不是名教纲常，核心就是要维护专制体制。现在这些搞儒学的人大部分是无意识的，有一部分也相当明确地主张这个，这恰恰是我反对的。所以我只是阐释中国传统。我这次到欧洲看过以后，感到中国将来大有希望。

南方周末：为什么这么讲？

李泽厚：我不是讲实用理性嘛。前不久我在柏林，礼拜天连蔬菜、水果都买不到，要吃一顿饭都吃不到，所有商店统统关门休息，因为他们有《圣经》教义，规定礼拜天是休息日。我走了四条街，只看到两个小咖啡店在卖咖啡。还有很多事儿随便都可以举出例子来。

中国是讲究经验的合理性，而不是像西方讲先验的理性，先验的理性是绝对的，中国是要根据经验合理地改变。有人讲中国人太保守，我觉得恰恰不保守，在各方面只要合理，都接受。我上大学一年级还穿长袍，第二年统统没有了，因为不方便，无声无息地就改掉了。西方有时因为宗教教义说得很明确，就很难做。

但我反对现在搞“国学”，因为这个东西是为了迎合。我提出“西体中用”，就是要把从经济到政治的理念巩固下来，然后把中国精神加进去。

南方周末：中国精神具体指什么？

李泽厚：比如，中国的居民委员会重调解，这就比西方好。西方夫妻吵架，各找各的律师去。和稀泥有和稀泥的好处。在中国，两个人打架，劝和的说算了算了，你一定要讲哪个对、哪个错就完了。大事化小、小事化了，有道理，这才能和谐嘛。但是这里面有一个前提，就是必须要建立在政治改革的基础上。

南方周末：那可以不可以这么说：把中国传统思想，特别是儒家思想里的政治学这一套抽离去，只留下伦理就挺好？

李泽厚：对呀。中国讲亲子嘛。所以我经常讲，中国讲爱跟西方不一样，中国讲爱首先是亲子之爱，父母亲对儿女，儿女对父母亲。

南方周末：中国讲的是恩爱。

李泽厚：中国的夫妻不仅仅讲爱，也讲恩。西方是上帝叫你爱你就爱，你爱你的爸爸妈妈，不是因为你们是亲子关系，是上帝叫你爱。

我与自由主义在理论上和实践上都有区别

南方周末：你的思想来源之一是马克思，你另两个思想来源一是康德，一是中国传统思想，但是我感觉你其实并不排除自由主义。

李泽厚：当然不排斥，我恰恰讲了很多自由主义的东西。

南方周末：你和自由主义者的根本区别是什么？

李泽厚：我与自由主义在理论上和实践上都有区别。像哈耶克，他是以原子个人为单位，这在历史上是不存在的，但有些人认为这就是真正的历史，那只是一种假设。第二点，他们讲天赋人权，事实不是这样，权利是经过历史变化的。马克思讲，社会发展到资本主义的时候，才会有天赋人权的观念。

这两点，是我与自由主义在理论上的区别。

南方周末：殷海光和林毓生师生两人的书信录讲得很清楚，要搞民主，第一个是要有法治，第二个是要有公民素养、公民社会的形成。不能像台湾地区现在“立法机构”里成天打仗，摔鞋子。

李泽厚：那倒不是这个问题。台湾毕竟有中产阶级，大陆现在还缺乏中产阶级，为什么我讲中产阶级是社会进步的最基本力量？中产阶级以中小企业家为主体，这些企业家才真正是现代社会的基础，知识分子只是附着在上面的。

现在主要应该反对封建主义

南方周末：你对新自由主义和新左派的争论怎么看？

李泽厚：新左派一些基本观点我不大赞成，因为现在主要应该反对的是封建主义。新左派反对资本主义，他们搬来的理论也不对。我跟新左派有非常接近的地方，就是我们都要走一条中国自己的路。

我反对有人说的现代化就是美国化，我讲不是，中国要是搞美国化，那会一塌糊涂，不仅对中国，对人类都是灾难。但是，怎样走自己的路？我发现新左派就是搬一些国外的时髦理论，后现代、后殖民理论，那些理论是错误的，搬来使用更加错误。

南方周末：是因为时空错位吧？

李泽厚：在国外左派可以批判资本主义，这有一定的好处，但中国根本还没有真正的资本主义。所以新左派的总方向是错的。自由主义只讲理性，我强调的是，把中国重人情这个传统贯彻到现代社会中来。

但是，尽管我大讲"情本体"，讲中国传统，但是，在实践方面，我更倾向于自由派，现在首先还是要建立公共理性，然后才能讲情感。

南方周末：所以你现在强调的理性和"情本体"之间的关系，有一点像康有为的《孔子改制考》和《大同书》之间的关系。

李泽厚：对。你这么讲我很高兴（大笑）。

启蒙要走向真建设，首先是法治

南方周末：你说过，五四时期是救亡压倒了启蒙，同时你认为今天这个时代已经不是启蒙时代了，这是否暗含着今天的人们在改革方向上已形成共识，但我们知道这种共识远未形成，比如新左派和自由主义就很对立。

李泽厚：启蒙远未完成。但启蒙的方向是什么？我反对当年包括王元化搞的，再来一个启蒙运动。不是群众运动了，不是呐喊，而是怎么样完善制度上的改革。我在五四70周年时写了一篇文章，叫《启蒙的走向》，讲得很清楚：启蒙要走向真正的建设，首先是法治的建设，这方面要有一些具体的方法和步骤。

南方周末： 而且再来一个运动也搞不起来了。

李泽厚： 现在搞不起来了。

南方周末： 前两年刘军宁先生发了一篇文章，叫《中国需要一场文艺复兴》。

李泽厚： 文艺复兴我在美国就讲过，我讲人类需要第二次文艺复兴。文艺复兴恰恰不是革命，它是给整个文化带来一种人文化的新局面，就是人怎么从机器统治当中解放出来，获得更大的自由。

第一次文艺复兴是人从神的控制下解放出来，现在是人怎么从机器的统治当中解放出来。统治现代人的机器，既包括物质机器，也包括社会机器。这不仅仅是中国人的问题，所以启蒙任务远没有完成。

自由主义和新左派很难走到一起

南方周末： 自由主义和新左派的一种中和，达到一个度，是不是就是社会民主主义？

李泽厚： 那恐怕很难走到一起。现在是三者，不是两者，第三者是文化保守主义，就是搞国学、搞儒学的。这一批人也很厉害，因为他下有民间、上有政府的支持，到处搞什么尊孔，祭祀黄帝、伏羲这些东西。

南方周末： 知识分子从内心里未必认同这股力量。

李泽厚：在大学教授里认同的很多，他们的刊物办得比哪一家都多。大学都有国学院，从清华、北大、人大到各地都有。

一个学校里居然有儒学院，又有国学院，笑话。成立一个国学院，申请点儿项目。（思想界）在20世纪90年代是两股力量，这10年变成三股力量。

中产阶级依附官僚，根本没有独立

南方周末：你认为“中国自由主义派的悲剧在于他们没有群众基础，始终没能真正登上政治舞台”，现在这种群众基础具备了吗？

李泽厚：还不够。群众基础就是中产阶级，中国的中产阶级现在还勉勉强强，是不是形成了我都不知道。而且中产阶级依附官僚，根本没有独立。现在的政策也是刚刚讲要扶持、鼓励中小企业，就是为了形成中产阶级。希望这个基础慢慢变强大，现在看是成长得太慢了一点。

南方周末：你希望看到中国出现几百万个企业家，现在似乎已经存在这样的经济力量了，但他们是否必然有利于改革的推进？吴敬琏先生近年就指出要反对权贵资本主义，你怎么看资本与权力的结盟趋势？

李泽厚：他们（企业家）的势力还是太小，因为要生存，没有办法，只能去跟官员勾结。假设势力更大，他们的依赖性就小。

改良不是投降

南方周末：你反对革命，主张改良，但有人认为渐进式改良也可能走向死胡同，因为有利益集团阻挠改良的深入，对此你怎么看？

李泽厚：革命我并不是一般的反对，问题是怎么个革命法。做学问也好，写文章也好，要注意思维的具体化。我对“革命”的定义很明确，大规模的、长期的群众流血运动才叫革命，其他的不算革命，只能叫抗议。近年来，不是屡屡发生一些群众维权事件吗？斗争当然是要的，你弄得大家都知道了，社会就警惕了，就要改良。

我讲要改良，不是反对一切斗争，那叫投降，不叫改良。改良不是投降，不是顺从，改良恰恰是斗争，而且可能是非常尖锐的斗争。你要把这个很清楚地传达给读者，那我觉得就很好。

绝对权威只能维持一时，不能大肆提倡

南方周末：你主张中央应有权威，否则容易造成地方割据，但中国地域广大，各地社会发展状况差异很大，有人以为中国应实行地方自治，这样更有利于经济发展，你怎么看？

李泽厚：中国现在不能搞，一搞就内乱，割据力量中国历史上就有。我跟美方不谈西藏问题，我是反对达赖他们搞那一套的。

包括韩国、日本都觉得，中国太大，这个国家起来不得了，最好你分成几个小国家。

欧盟是最了不起的进步。那么多不同的国家，不同的理念，那么多仇恨，两次世界大战都是德国打起来的，结果都在一起了。为什

么？因为联合起来，搞一个共同市场，对大家都有好处。中国这么好的共同市场，你难道要把它搞掉吗？

南方周末：你反对新权威主义，新权威主义与你主张的中央应有权威的根本区别是什么？

李泽厚：根本区别是我有一个前提，我这个绝对权威只能维持一段时间，而且不能大肆提倡，你在理论上巩固这个是不行的，中国有些事只能干不能讲。

南方周末：一讲就会固化它？

李泽厚：就是。现在有人讲"中国模式"，中国模式还没有啊。任何一个社会，特别是任何一个政府都需要有批评的声音，这在自由主义是非常重要的一点。你强调这个东西（绝对权威）就可以压制一切。我讲的绝对权威并不是压制一切，恰恰相反。

历史在悲剧中前进，要使悲剧尽可能小

南方周末：你讲过中国现代化的"四顺序说"：经济发展—个人自由—社会正义—政治民主，这些年来，你对此顺序有无修正？

李泽厚："四顺序说"是我在15年前提出来的，当时反对意见很多，被人骂得一塌糊涂，因为他们就要求政治民主嘛。大体说来，我还是坚持我的"四顺序说"。但是，现在我比较关注的是教育问题。

南方周末：为什么这样排序？

李泽厚：我把政治民主摆在最后，当时大部分人都认为应该把政治民主摆在第一条，先搞政治民主，经济才能发展，我从来就不赞成这个看法。20世纪80年代我就认为（老实讲这是马克思的理论）经济

基础最重要，政治民主今天搞成了，经济基础不改变，一夜之间就可以回到专制，这在非洲有很多的例子，菲律宾、海地搞政治民主也搞得一塌糊涂。

20世纪90年代初我举过法国拿破仑第三的例子，那20年经济发展最快。韩国、台湾地区当年经济发展为什么快？因为它有这个绝对权威。在中国，要修一条路，（政府定了）其他人都得服从。绝对权威在初期是能够取得经济快速发展的一个保障，有时候付出一些代价不可避免。想所有的东西都进步不可能。

庄子很早就讲过，“有机事者必有机心”，但是用杠杆打水总要比人打方便得多，历史不能倒退，历史是在悲剧中前进的，关键是要使这个悲剧减少到尽可能小的地步，所以我就专门讲“度”。

20世纪80年代我就讲，这个地方要盖一个工厂，环境会受到污染，那当时当地人欢迎你来盖，为什么呢？他可以进工厂赚钱，那比他种田要好得多，所以他欢迎你来，因此政府的决定就要讲个“度”。“度”是随着时间、地点变动的，能把握好就叫艺术。

南方周末：这个度是谁来把握？

李泽厚：政府、学者、人民一起来把握，最后还是政府决定，但是要让舆论充分发表意见，让学者有科学的讨论。

小到一个县，大到全国，都应该把握这个度，就像画家画画一样，增之一笔就太长，减之一笔就太短，差一点都不行，这个是最艰难的。

什么叫悲剧？坏人把好人打死了不算悲剧，好人打好人这才算悲剧。保护环境有道理，盖工厂也有道理，这才是悲剧，历史就在这种平衡之间前进，就看你能不能把好这个度。

不过，绝对权威长久不变就走向反面。所以我反对讲中国模式，讲中国模式就说明现在已经很好了，这是绝对错误的。

南方周末：这个绝对权威万一成了惯性怎么办？

李泽厚：它不想变化大家要促使它变化。经济发展了，它不向国际接轨行吗？很多东西就逼着它慢慢变化。

南方周末：所以你说过民主的门是慢慢挤开的，不是一下子冲开的。

李泽厚：我80年代就讲了。一冲就坏了，就死了，你一冲，门关死了。

南方周末：知识分子和公民在这个过程当中，能够发挥什么作用？

李泽厚：现在大学教授一个项目几万元、几十万元，甚至几百万元，就搞那个去了，我对学术界不寄予希望。最寄予希望的还是媒体，以及民间的资本家。

现在经济上最大的问题之一就是对民间资本还是歧视，设很多限制。

邓小平很了不起

南方周末：你对邓小平怎么评价？

李泽厚：邓小平很了不起，他能够在旧的体制下搞特区，当时有些人对这一套是不满意的。而且他1992年又做了那样一个扭转乾坤的讲话，很了不得。

南方周末：你一直倡导理性精神，中国还可能爆发“文革”那样的集体非理性运动或革命吗？

李泽厚：我估计可能性不大，社会基础变了。我想，即使毛泽东在也发动不起来了。

我的新书你看一遍等于没看

南方周末：你个人比较喜欢鲁迅，但鲁迅非常关注社会热点话题，你似乎对中国当下的社会矛盾讨论得并不多。

李泽厚：因为我大部分时间不在国内，我每年在国内的时间就是三个月左右。

南方周末：在美国十来年的生活，对你思想体系的完善有帮助吗？

李泽厚：没什么影响，我基本上还是按照原来的思路。我在美国过的是非常平静、非常单调、非常寂寞的生活。

我70岁以后的书其实很重要，也很短，但分量比以前要重。我比较高兴的就是我30年前的书，现在还有人读。

南方周末：《美的历程》现在还有很多人读，文笔相当漂亮。

李泽厚：那是1981年出版的，我1980年就交出去了，整整30年。

最近的一本，还是《人类学历史本体论》（最重要）。

我跟一些著名教授说，《美的历程》看一遍就行了，但那本书看一遍等于没看。

学术界现在都是傍别人

南方周末：你有一整套思想体系，现在不少人是在阐释别人的思想。

李泽厚：中国现在的一个大问题就是原创性太少了，都是傍别人的，所以我对学术界很失望。

南方周末：你有个说法叫作“转换性创造”，“转换性创造”和

"创造性转换"根本区别在哪儿?

李泽厚:"创造性转换"是林毓生先生提出来的,我把它倒过来,因为"创造性转换"是转换到既定模式里面去的,那个模式是什么?就是美国模式。我的是创造性模式,我是要创造一个新模式,但我是转换性的,我不是革命的,我是慢慢地转过去,所以跟我的要改良不要革命是联系在一起的。

南方周末:殷海光最后的一本书是《中国文化的展望》,我感觉他实际上也有你这个意思。

李泽厚:殷海光在大陆时,是被共产党看成反共学生的,因为他拥护蒋介石。他到台湾地区以后反对蒋介石,结果受迫害。我很反感现在有些人把蒋介石描写得很好。老实讲,与毛相比,蒋在才能方面差得太远,他能力太差了,他有那么大的优势,毛泽东都没想到他能那么快取得政权。

我不愿再回忆痛苦

南方周末:你一直坚持认为哲学的根本问题是为什么活的问题,对你个人来说,人生的意义到底是什么?

李泽厚:"我为人类活着。"(笑)这是马克思说的。

南方周末:你这一生有什么遗憾的事吗?

李泽厚:遗憾的事情当然很多(陷入沉思),我不大喜欢说。很多人劝我写自传、口述史,我不愿意,原因是两点:第一,我这个人一辈子一个是读书,一个是写文章,没干过别的事儿,我与人交往极少,没什么可写的;第二个原因就是我回忆使我痛苦,我不愿意经过痛苦再回忆痛苦。

南方周末：如果要请你为年轻人推荐几本书，你会推荐哪些？

李泽厚：那范围太大了。人文学科的书你看一本两本是不行的。学数学、化学、物理，教科书读一本就行了，人文学科不行，因为它是一级一级走的，就像泡泡菜，泡久了就变酸了，时间泡短了又不熟。我倒是比较喜欢读历史书，《纲鉴易知录》《国史旧闻》都是很好的书。

许纪霖：最重要的是重建社会和伦理

■ 萧三匝

许纪霖刚出了一本学术文集，文集后记的标题是《许纪霖：矛盾体》。

按以赛亚·伯林的比喻，这个世界上的知识人分两种：一种是刺猬（思想家），一种是狐狸（学者）。许纪霖愿意自己是一个披着狐狸皮的刺猬。翻译成王元化的话，他搞的是有学术的思想。因其在两方面都倾注热情，而这两方面又不易兼顾，其人内心之“矛盾”可知。

这一点，在2010年12月29日许纪霖与我的谈话中显而易见。作为一个专门研究知识分子的知识分子，我希望他对当代公共知识分子多一些点评，但他并不愿意这样做，“我只想说我自己”。

许纪霖说：“我是一个蝙蝠式的人物，蝙蝠的命运就在于哺乳界开会不欢迎它，说它是鸟类，鸟类开会说它是哺乳动物。20世纪90年代中期以后，自由主义和新左派是对立的，两边可能都认为我不是他们的人。”他是一个“左翼的自由主义者”。他既同情地理解自由主义，又同情地理解新左派，同时他对这两派都有批判。在当今知识界的风气下，这是一个不讨巧的自我定位。

事实上，与其说许纪霖如今是“主义中人”，不如说他是“伦理中人”。他对他们这一代知识分子缺乏反思、谦卑、感恩、敬畏心态深表不满，对士风和世风浇漓感到忧虑，他更愿意把精力放在对社会伦理道德重建的关注上。

许纪霖说，目前这种“原子化的个人主义社会是威权主义的温床”。

虽然在刚见面的时候许纪霖曾从头到脚打量我，但我知道，这不是一个冷漠的人。

王元化对现成的主义都有反思

南方周末：20世纪80年代“文化热”的时候你就认识王元化先生，他去世两年了，你也写过回忆他的文章。你怎么评价他？

许纪霖：80年代上海的经济社会改革滞后，远不及广东，但上海的思想解放在全国是领先的。之所以领先，有一个很重要的因素，当时上海有一批比较开明的官员，有一批以王元化为代表的倡导思想解放的知识分子。

王元化担任过上海市委宣传部长，他后来主持的上海文化发展战略，就是希望从制度建设的层面落实启蒙的一些最基本理念。

作为上海思想界的精神领袖，王元化先生当时的作用是不可替代的。他提倡“有学术的思想和有思想的学术”，很深刻。因为20世纪90年代以后，学术和思想的确有两极分化的趋向，很多人丧失了对时代的敏锐感受和思考，也有一些人思考背后的学理背景比较弱。王元化先生在这两方面算结合得比较好的，大家都很敬佩他。他之所以从80年代到过世一直是上海乃至全国知识分子的领袖之一，和他自身这样的一个追求分不开。我和他相识很偶然，他一直讲“心灵的相契比观点的相同更重要”（我们大概就属于这种关系）。

南方周末：80年代，王家客厅老有知识界的种种聚会，当时大概有哪些人？

许纪霖：三教九流，各色人等，慕名求书法的、艺术界的、文学界的、思想界的、政府官员都有。他在这点上有点儿像胡适，他有一种能力，让你感到如沐春风。老先生晚年也特别好友，特别怕寂寞，每天高朋满座，他也很开心。

南方周末：王元化的思想并不是直接对接英美经验主义传统，而是从别的路径逐渐靠近经验主义和自由主义。从思想的超前性这个角度来讲，你如何评价他？

许纪霖：不能用某一个标准来看一个思想家。英美经验主义不过是西方思想的一支而已，并不意味着经验主义就是对的，它的反面就是错的，自由主义是对的，非自由主义就是错的。

王元化先生最大的思想就是他的反思性。他不断地在反思，早年反思僵化的马克思主义，后来反思启蒙心态。对任何现成的主义，他都有反思，不轻易相信。他不大愿意像有些人一样，觉得找到了一条切实的道路。虽然从广义上来说，王元化是一个自由主义者，但他不盲从，对自由主义也有反思和超越。

南方周末：这种反思和超越表现在什么地方？

许纪霖：自由主义是一套社会政治学说，它不能解决心灵的问题。王元化晚年不相信自由主义这套东西可以解决一切问题，所以他越来越注重文化、心灵的问题，这就是他对自由主义超越的一面。

他在社会政治层面是一个自由主义者，但他能广泛吸收各种其他的学说来弥补自由主义的不足。他内心曾经是被黑格尔俘虏过的，后来他对黑格尔主义做了严厉的批判和自我反思。但他到晚年并没有全盘否定黑格尔，他始终非常欣赏黑格尔讲的没有什么比精神的力量更伟大，觉得这还是黑格尔主义的精华。

他对任何学说都不是简单地抛弃、信仰，有自身思考的主体性，对各种学说都有取舍。骨子里尊重人的尊严和个体的精神价值，这两个东西是他的底色，是他最看重的。

切莫把某一种价值极端化

南方周末：你在思想上与王元化先生相似？

许纪霖：我是一个左翼的自由主义者。我对原教旨自由主义和新左派都有一些同情的了解，但都有批判。也许我是一个儒家吧，更喜欢中道，不太喜欢偏激。

原教旨自由主义和新左派处于偏激的两个极端，前者过于迷恋市场，相信一些基本的教条，相信个人主义的社会能拯救中国；新左派又极端反对资本主义，极端反对市场和代议制民主，希望借助国家的力量实现平等。

这两种极端都会导致社会无穷动荡。必须在自由与平等、国家与社会、市场与统治之间找到某种平衡，实行中道，这个社会才会有张力、和谐。

南方周末：你讲过中国一直缺乏从洛克到哈耶克这一路古典自由主义传统？

许纪霖：自由主义有好多支，最忌讳的是认为自由主义有道统。原教旨自由主义就相信有这么一套道统，其他自由主义好像都被污染了，这比较可怕，它不是开放的，是封闭的。自由主义内部也充满了张力，它在当代世界是主流，凡是成为主流的东西都非常丰富。

我比较接近罗尔斯。他并不迷信市场，认为即使是一个纯粹的市场，同样有可能产生不公正，所以要借助国家的力量来矫正自发的市场所产生的弊端。他内在地结合了一些社会主义和共和主义理想，把自由和平等这两个价值用他的方式来融合，形成了他的正义观。

切莫把自由主义封闭起来，觉得自己信奉的是唯一的、最好的，其他都错。

这个时代是由媒体包装的，极端最具市场传播价值。极端的意见都是颠覆性的，但任何真理多走一步就是谬误，而我不是一个容易轻信的人，所以当某种极端声音出现后，我总会怀疑它是否超越了合理性。中道为什么好？就是不走极端，像密尔说的，真理是多元的，每个人都只是抱住了大象的一条腿而已，每一条腿都是真理，但是都是局部的真，整体的真理是在不同意见之间互动、交流、批判的结果。

中道并不是一个固定的东西，不是算术平均数，而是一个动态的、互动的产物。绝对的自由和绝对的平等都会产生人类的悲剧，绝对自由会成为无政府主义，绝对的平等我们曾有教训。中道是有原则的。

对民国知识分子情有独钟

南方周末： 你写傅斯年时提到，自由主义者“好做帝王师”？

许纪霖： 林子大了什么鸟都有，有些自由主义者极具批判性，坚守民间立场，也有一些自由主义者愿意在体制内实践理想。比如，王世杰就是国民党体制里面的自由主义者，他做国民党的高官，还是有一些信念没变。自由主义者和权力有各种各样的关系。

南方周末：好人进入政府不是一件坏事，但好人政府这种理念可能不成立。

许纪霖：好政府主义是一种道德理想主义，相信政治要好的话，关键不在变革制度，而是要有好人进入政府。这套理念有问题。制度不变革，再多好人进政府也没用，也无所作为。第一步需要变革制度，而不是好人进政府。

南方周末：你做了这么多知识分子个案研究，最大的感触是什么？

许纪霖：20世纪80年代我认为中国知识分子缺乏独立人格，认为这是因为传统文化的缘故，这个问题我后来有反思，传统文化也能塑造独立人格，儒家讲的道德也能塑造独立人格，人格可以超越文化。

这30年我做知识分子研究，一以贯之的核心问题是"自由之思想、独立之精神"，我以此来反思不同时期的知识分子。

南方周末：你讲过如果把20世纪知识分子划分为六代的话，你的兴趣还是集中在前三代，为什么？

许纪霖：有距离感比较容易对话，可以看得更清楚。做研究就像拍照片一样，不要以为给他一个特写就看清楚了，要理解他的意义一定要把镜头拉开，最好是用广角镜。我对民国知识分子情有独钟，这一代人有一些特殊的光彩让我喜欢，在情感上我能找到与他们共鸣的东西。

南方周末：谁堪称当代思想家？

许纪霖：这不是一个能回答的问题，再过50年看。

我们这代人缺乏反思和谦卑

南方周末：你对你们这代知识分子总体上如何评价？

许纪霖：“17年（1949年到1966年）一代”是受到布尔什维克教育长大的一代，是根深蒂固的理想主义者。王蒙是那代人的典范。所以，北岛说：“我什么都不信。”王蒙说：“我们这代人信。”

我们这代人也都是理想主义者，但和“17年一代”不一样，我们的信仰和80年代启蒙思想有关。

我们这代人大多数是老三届，在“文革”当中是红卫兵，考入大学以后又是“新三届”（77、78、79三级）。在当下中国，这代人已成为中流砥柱，受到太多赞扬，也往往自我赞扬。

南方周末：如果说“17年一代”的理想有点盲从性，你们这代人是不是在反思的基础上在找新的理想？

许纪霖：对。除了个别极优秀的人，“17年一代”有相当多的盲从性。我们这一代相当理性，骨子里不是特别爱钱，也不太懂生活享受，喜欢思考大问题。

我经历过“文革”的生生死死，上山下乡，再考上大学。进入大学后，同学3/4都算“老三届”，我算班里最小的几个人之一，所以我在这代人的边缘，这使我能够跳出来。

这代人也有另外一面，非常现实主义，非常权变，善于抓住机会，不会执着于一个僵化的、固定的观念。为什么绝大部分都非常成功？一方面是时代给了很好的机会，十年空缺，前无古人；另一方面就是善于把握从80年代以来的各种机会，呈现出机会主义倾向。

南方周末：这种现实主义和机会主义好不好？

许纪霖：它和理想主义构成了互补，这就是这代人的复杂性。这代人确实有很多缺点，比如说一些人今天自我感觉非常良好，反思都是对别人的，很少是对自己的。出了问题，第一反应不是说要忏悔，而是要自我辩解。这大概是因为我们曾是红卫兵，总是觉得真理在握，使命感特强的缘故吧。

另外一个缺点是缺乏谦卑。时势造英雄，但我们往往强调英雄造时势，缺乏感恩时代、感恩命运的心态。启蒙运动最后之所以覆灭就是因为过于狂妄，认为人像上帝一样，理性全知全能。近代以后的人类悲剧一部分和这种狂妄有关。

狂妄与毛泽东时代及市场经济有关

南方周末：是什么原因导致了这代人的狂妄？

许纪霖：我觉得有两个因素：一是与毛泽东时代有关。“与天奋斗，其乐无穷，与地奋斗，其乐无穷，与人奋斗，其乐无穷。”这代人就是一路战斗上来的。红卫兵无法无天，只相信一个神——毛主席，这个偶像破灭后，相信的就只是自己，20世纪80年代又是一个个人解放的时代，最后就极度地自信。

时代留下的印记，就是让我们觉得可以改造一切，有强烈的使命感，很少有敬畏之心，包括缺乏对道德的敬畏。总觉得有比抽象的道德更高的一些目标，比如国家富强、个人解放。这些东西属于宏大叙事，在这代人里非常根深蒂固。虽然我们对“文革”有很多反思，但是毛泽东时代所形成的那个红色的宏大叙事，那种真理性的宣称依然存在下来，无非内容改变了而已。

1949年以前那一代老知识分子，不仅学问好，有很多都是德高望重的。我们这代人开了风气，留下了启蒙的遗产，但很少有德高望重之辈。

毛泽东塑造了一个时代的人格，最重要的是革命理想，为了这个崇高的理想，毫不在乎用什么手段。1949年以后，由于各种运动，人与人之间没有私德。冯亦代做卧底，按照儒家的私德来说是不可原谅的，因为你出卖的是个不一般的朋友。但在那个时代，所有人都卷进去了。今天都是，且不说公德被扭曲了，私德也被破坏了。

最近还在纷纷扰扰的高尔泰和萧默之争也让人遗憾。《一叶一菩提》出版以后，我看了两遍，觉得很痛心。我现在没能力去判断谁是谁非，但我经历了"文革"，"文革"当中，为了神圣的名义，产生了各种各样的政治派系，相互厮杀，都相信自己代表正义，对方是代表了邪恶。这是一个时代的悲剧。

南方周末：所以现在也不能苛责那些具体的人？

许纪霖：回过头来看，当然不想说相逢一笑泯恩仇。问题在于，如果大家都采取控诉姿态，历史的冤结就解不开，更重要是能够超脱出来，以当下来反思历史。"文革"过去这么多年，还缺乏一种超越那个时代的反思，还纠缠在个人恩怨里面，还是很遗憾的。

南方周末：反思精神的匮乏是不是与对"文革"进行反思的空间大小有关？

许纪霖：我并不认为外界因素很重要，有些东西是写给自己看、写给抽屉看的，很多人现在写回忆录不是为了发表，问题在于自身心态没有超脱出来。

南方周末：缺乏谦卑、感恩、敬畏心态跟市场经济的不断兴起也有关系？

许纪霖：第二个因素就是和市场经济有关。市场经济使人与人之间的关系变成了一个非人格化的交易关系，非常功利化，这是资本主义异化的结果。

人性中既有神性又有魔性，大部分人的行为，相当意义上取决于环境，好的制度环境会把人内心向善的一面激发出来，环境很差，它会把人性恶给激发出来，制度的改变是首要的。

但并不是制度变了以后，人性自然而然会变，或只能期待制度的变化，制度之外还有风气，风气和道德有关。今天，不仅外部制度环境有问题，更重要的是知识分子内部的风气有问题，一些好的传统都断掉了。

最重要的是重建社会和伦理

南方周末： 问题是怎么来改变这个局面呢？

许纪霖： 把病症搞清楚才能开药方，而且有时候病症搞清楚了也未必开得出药方，可能要长期调理。只能让老百姓在游泳中学会游泳，不能在岸上比划好了再跳下去。

制度变革不能治本，治本靠什么？靠心灵的改变、风气的改变，这就要重建文化和伦理的秩序。

国民党的宋教仁被刺杀，上海地方法院可以传国务院总理赵秉钧到庭问询。为什么后来搞得那么糟？五四的人后来总结说，没有形成维护制度的文化，文化建设是长期的。

台湾地区两次选举都有开枪事件，第一次是阿扁操弄两颗子弹，但这次事件两党都没有操弄，这就是一个政治文化的进化。制度一夜之间可以改变，但文化的改变需要三代，是渐进的。我想强调的是重建社会和重建伦理的意义。

南方周末：思想界一直有两种对立的意见：一种主张“文化制约论”，一种主张“制度决定论”。你大概是比较赞成前一种了？

许纪霖：要提防两种极端倾向，唯制度论和唯文化论。制度和文化存在着非常密切的互动关系，好制度会激发起好的文化，好文化也能够成为好制度的温床。

南方周末：如何进行社会和伦理重建？

许纪霖：鉴于毛泽东时代建构了一个过于强大的权力系统而消灭了社会，邓小平从20世纪80年代开始有一个很好的改革思路，希望大量的社会事务让社会自己来承担，让它释放活力，而政府只承担它应该承担的功能，这是对的。

秩序不能仅靠权力维持，要靠社会自身的力量。政府如果管制失灵，社会又无法自身产生一种秩序，那会很可怕。人与人之间伦理关系的重建，要通过社会的重建产生出来。2008年的汶川大地震，唤起了几亿人的同情心，大家突然感到我们都是中国人，有共同的命运感，几万个志愿者奔赴灾区，这是一场社会重建运动。最新的例子就是上海火灾，10万市民自发献花哀悼，我把它理解为是一个社会重建运动。

南方周末：从这两个例子可以看出社会的重建还是有希望的。

许纪霖：有句话叫鲜花可以溶解淡漠，今天他遭难有人来关怀，明天如果你遭难的话，同样会有人关怀你。他们和你没有任何利益关系，但却和你有共同的情感，这种情感基于我们都是人，都是中国人，都生活在同一个地方，这就是社会重建的基础。

不要把社会看成政府的对立面，而是要让社会焕发出自身的活力，把人性中向好的东西焕发出来。志愿者组织不是破坏性的力量，恰恰是一个积极的社会重建的力量。道德不是用来说教的，道德重建、伦理重建不是靠读经、靠灌输的方式能够奏效的，而是要通过道德实践。知行合一是儒家的传统，儒家从来不认为培养君子仅仅靠在书院里读四书五经就行的。这次上海市民去献花，很多是家长带着小孩去的，他们想让小孩从小就培养同情心和爱心。这次上海花祭是一场公民运动，完全是公民自发的道德性的实践，这种实践如果能在日常生活中经常发生，世界将会变得可爱。

政府要给公民伦理重建、道德重建的实践空间，公民也要能够抓住机会实践。

南方周末：当下如果不着手进行社会、伦理重建，最糟的局面是什么？

许纪霖：今天的中国，最大的乱源在人心。人们心中不存在一个基本的价值观和是非善恶的标准，这个社会怎么可能不乱？

以前是制造了一个虚假的集体主义社会，现在重生了一个原子化的个人主义的社会，每个人都是一个原子，互相之间没有情感，只有交易、利益。

现在的天下给人一种感觉，不是杨朱就是犬儒，最好的犬儒只是洁身自好。原子化的个人主义社会是威权主义的温床，因为每个人都不相信别人，整个社会没有秩序，但是社会总需要秩序，大家就寄希望于一个强有力的统治者，只有维持一套刚性的秩序才能保障每一个人的安全。

知识分子除了常识，还要有知识

南方周末：公共知识分子在社会重建和伦理重建过程中能够扮演什么角色?

许纪霖：这是很有趣的一个问题。在公民运动当中，有很多活动知识分子参与了，但他们是以市民和公民的身份参与的，也许因为这是一个常识和良知的问题吧。

但如果问题很复杂，一般公民参与不了，那时知识分子就需要以专业人士的身份出现。知识分子有一个工作别人做不了，就是在重大事件发生过程中或者说在这之后，思考、总结、阐释事件的意义。这是非常重要的。

一帮知识分子朋友讨论上海花祭事件的意义在哪里。我觉得它开创了一个新的典范，鲜花也是力量，表达诉求和愿望也可以通过理性的，甚至是非常优雅的方式。应该让公民运动和政府中的理性力量实现互动。上海花祭非常温柔、理性，但同样成功。

南方周末：你大概是自由主义者中对后现代理论最为同情的人了，你也曾经提出了一个“当后现代终于来临时，知识分子何以自处”的问题，但很多人认为，中国现在处在现代化阶段，根本就谈不上什么后现代的问题。你怎么看这个问题?

许纪霖：以这种方式理解后现代是对后现代的误解，现代和后现代并不是两个时期。后现代学说的核心是不相信这世界上有确定不移的普适价值，而现代性还相信有普适性价值。

后现代学说有一些革命的、解放的意义，能够扫除启蒙思潮当中的唯理主义、全知全能的弊端。但后现代不能走到极端，走到极端就会产生价值相对主义和虚无主义。没有善恶是非之分，会非常可怕。

我采取的是一个介于文化多元主义的现代性的立场。这个世界上有各种不同的文化，但是这些文化之间不是互不相干的，不同的文化之间其实还共享着一套普适价值。这价值不是以西方为代表的，而是存在于各种特殊的文化当中的。这样理解可以防止两种极端化倾向。

南方周末： 你强调知识分子应该站在专业的角度对社会问题发言，这是不是容易“一叶障目不见泰山”？

许纪霖： 公共知识分子之所以是知识分子，除了常识之外，还要有知识，你有你的知识，我有我的知识，合起来就构成一种极强的力量，能够揭穿借助专业知识进行自我辩护的各种权力的秘密。

公共太多、知识太少是媒体知识分子的毛病。学院知识分子的毛病是知识太多、公共太少。学院知识分子要更多的公共性，你的意义在哪里，要在公共性上获得证明；媒体知识分子则要多一点知识。公共知识分子带有很强的实践性，他面对公共事务发言，必须要能够承担起责任伦理的结果。

葛剑雄：中国人缺信仰，不能全怪转型

■ 韩阳

宗教、政治与道德都可信仰

问：2010年年底，你在FT中文网上谈《中国人信仰什么》，反响较大。凤凰网博报最近做《寻找中国人的信仰》专题，也有很多反馈，网友激烈辩论什么是信仰。国人对什么是信仰还缺乏共识，在中国的语境下，该怎么定义和诠释信仰？

葛剑雄：信仰没什么国界，我理解的信仰是这样，对某种事物、观念、思想甚至概念，非常坚定地信任、认同，以至不自觉地会把它作为自己的行为规范，或人生追求，这就是信仰。

群体、阶层甚至个人，古往今来都有各种不同的信仰。很少有人完全没有信仰，或不受某种信仰驱动的。并不是宗教信仰才是信仰，有人有政治信仰，也有人信仰某种道德、准则、理念。宗教信仰由于它的特殊性，往往比较坚定、自然。

但某些人的政治信仰也可以很坚定。中国古代多数人没有明确的宗教信仰，但对儒家或其他什么家还是有信仰的，精英、社会上层有这种自觉。社会底层也不自觉地有信仰。现在都讲信仰危机，尤其在中国，应该考虑怎么办，未来有什么发展的可能性。

问：在凤凰网与新生代联合做的调查中，超九成网友认为，当今是一个信仰缺失的年代，然而又有近八成网友认为自己有信仰；另一个调查中，超过六成网友在遇到挫折时首先是向朋友诉说，不到五成选择默默祷告或拜佛。看起来，调查结果有些矛盾，你怎么分析？

葛剑雄：不同的人对信仰的理解不同，出现这些矛盾很正常。比如，国人指责别人不去干某事，自己却不去做，他的标准不同；反对插队的人，如果有机会，也可能会去插队。他批评人家，并不是因为反对，而是自己没有做的机会。这两种行为本质一样，都是信仰自我，有利就要占。

问：有网友要“让金钱成为唯一追求”，当权钱把控一切时，信仰的缺失就成为必然？

葛剑雄：表面上看信仰的是金钱、权力，实际是什么？看得更重的是这些东西背后的自我，不要以为只要利益物质的人没信仰。

信仰缺乏不能全归咎于转型

问：有人把信仰的缺乏和道德沦丧归咎于社会转型，尤其是经济财富在社会生活中的重要性越发提高，你同意这个判断吗？

葛剑雄：不同意，这只是一个因素。有些人皈依宗教，可能是个人生活发生了很大变化，或受到了刺激，这只是外因，外因通过内因起作用。

假如一些人碰到危难，受了救济，有些人认为救济来自神的力量，有些人不接受这种观念，同样的外因，有个体内心的差异。转型期间，有的人原来的信仰并不真，在社会转型面前就表现出来了。外因容易引起信仰转换，这也是事实。

问：你曾说对伦理道德的信仰更理性，但只限于少数社会精英，要普及很难。也有人说，信仰的实质是下层人玩名利，中层人玩精神，上等人玩灵魂。在中国的环境下，信仰和社会阶层有什么关系？

葛剑雄：也没有明显的关系。对某种信念、理论或愿望，到比较自觉的程度就会有信仰，有的人追求天堂，有的人追求灵魂解脱，一切环绕着自我，只是表现形式不同。

中国古代帝王信佛，为此，可以倾国家之力，或自己舍身。一个穷人信佛，有时也会付出生命。不能说穷人只追求物质，中国古代大量穷人认为善有善报、恶有恶报，他追求的就是善，希望得到好报。尽管他有生之年没等到好报，但他认为生前等不到死后有，自己等不到能惠及子孙。

没有真正完全沉迷物质的人，多少总有一点精神。刚流行时，谁有一台电视机，不仅满足观感，精神上也觉得高人一等。有人提个单喇叭的收音机招摇过市，不是为了听音乐，而是为了表示身份，这不是一种精神？

很少有人生下来就独处，只要跟人家相处，总有彼此照应，肯定包含精神因素。认为有的人只追求物质，不要精神，这只是阶段不同。衣食足，知荣辱。但信仰有时可以突破物质，所以才有君子固穷、舍生赴义，精神起了更大的作用。

讨论信仰跟讨论科学是两回事

问：日本发生罕见的地震天灾，日本民众表示出很强的秩序性，是否与信仰有关？

葛剑雄：有一定关系，但不能完全说明问题。日本人对地震的确很镇定，但也有新问题。比如对核污染，也相当惊恐。为什么？国民对政府不信任，政府也对东京电力公司不信任。这说明镇定也要有基础，就是长期的信任。日本人相信自己的民族，相信对付天灾的能力。这跟没有这个传统的群体还是不同的。

中国民众这次抢盐，对核泄漏的恐惧，一是对科学知识、科学原理不够了解；二是对政府或舆论不信任，有些信息不披露，不公开，容易引起恐慌；三是国人长期较多顾个体，不顾群体。假如真为防御，买一包盐够了。有的日本人面包最多买三个，水买一瓶。他会想到，自己要活，周围的人也要活。一个群体只有互相依存，才能生存下去。日本民族多灾多难，长期以来形成这种外人看来是超乎异常的行为信念。

谈到信仰，有些事情不能够理解，根本没理解的必要。比如当初信仰毛泽东，说这是毛主席说的，如果你的意思跟他不对，那你肯定想这是我错了，他不会错。你信仰某个神，神还有错的吗？神教你做，就应该这样做，不要自己思考。没有这种信仰，就要考虑这对不对，对我有没好处。不容丝毫怀疑，这才是真正的信仰。

我跟基督徒讨论到底有没有上帝，他觉得很奇怪。怀疑上帝存在，怎么讨论上帝呢？上帝存在是前提，不需要证实，这叫信仰，跟科学讨论是两回事。

政治信仰对社会精英更有意义

问：一些观念被当成封建迷信破除了，然后又没有新信仰替代，这会产生空当。对中国当前的信仰缺失，有什么比较可行的解决措施吗？

葛剑雄：宗教跟各种自觉的信仰有很大不同，宗教可以通过教义、启示以及它的一系列活动，使人相信神与神的力量，通过人跟神之间的媒介，比如神职人员，把自己的灵魂、生命都托付给神。如果信众觉得达到了这个目的后，就可以放弃自己的思想，活得很简单。只要遵循教义所说的行为规范去做，精神就会很安宁。

对信徒来说，当其碰到了思想局限、挫折、矛盾甚至失望时，可以通过神、神职人员的引导，得到精神上的解脱，得到一个满意的解释。

当然，有些宗教团体也能解决一些个人所不能解决的客观问题，比如慈善、相互救助，这就更加加强了信徒的信仰。这是宗教信仰。如果宗教成为一种国教，甚至把宗教理念体现为法律，宗教地位就会增强，它对社会的作用就会更强。

当政治信仰跟一个政权结合在一起时，其实也有这样的作用，比如信仰共产主义，理论上可以使你觉得它非常完美，同时它也教育信仰者，为了实现共产主义必须作出牺牲。另外，一个政党掌握了政权，真要加强这方面的信仰，也会利用权力的力量，比如说通过社会保障，通过一些特殊政策、资源分配等。

问：宗教与政治这两种方式使民众产生的信仰有什么区别吗？

葛剑雄：宗教国家或宗教起的作用，容易使人真正从心底上有信仰。但政治不可能解决所有社会问题，不可能十全十美了，反过来容易让人疏远甚至丧失这种信仰。但宗教有办法，宗教信徒信仰的是神，可以通过与人之间的媒介来给出各种解释。宗教信仰在现实没有能力时，可以告诉你，希望是在天堂、在彼岸、在来世。信徒不会怀疑上帝或怀疑真主，否则是你本身有问题。宗教的理论、意义、神圣性都可通过一定仪式来维护，没有解决不了的矛盾。政治信仰往往对精英、对上层人物、对追求理念的这些人起作用，对一般民众起作用就很难。

当然并不是所有人都需要宗教信仰。信仰某种理念、道德也可以。这样的人，自制力要很强，很自觉。比较和谐、完满的社会，完全依靠世俗的影响很难起到震撼心灵的作用。

金耀基：寻求中国的“现代性”

■ 沈洪

金耀基先生一直致力于中国社会和文化的现代化问题研究，他认为中国现代化的终极愿景，是要构造一个中国的“现代性”，寻求中国的现代文明秩序。这种秩序，也必然包含中国传统的因素。在这一进程中，现代大学教育扮演着终极的角色。大学除了提供知性功能以外，也应肯定“实践理性”的重要性，培养现代社会公民的行动能力与价值观。

构造中国的现代文明秩序

问：你一直在倡导中国的现代性，最近有哪些新的思考？

金耀基：中国到底应该怎么发展，这个问题在20世纪五六十年代一直围绕着我。1966年，我开始写自己认为比较重要的第一本书《从传统到现代》，那时台湾地区还有一些文化论争，论争只是重复五四前后那些东西，我觉得，看中国问题，对切入点究竟在什么地方必须要有真切的把握。1964年第一次到美国进修，回来后我用社会学的一些理论与观点（论述是社会科学式的，不像过去一些文人式的讨论），提出一个中国现代化的问题。

1905年清政府“废科举，设学校”之举，是中国文化与教育上“现代转向”的一个标志，而1911年孙中山领导的辛亥革命，则是中国政治发展上“现代转向”的里程碑。无疑地，中国的现代化对传统中国产生了巨大的冲击，它颠覆了中国2000年来构成的一个自成体系的文明秩序，这个传统的文明体系，就文化规范的角度而言，诚如陈寅恪所说，是建基于儒家的三纲六纪的，名教纲常是儒家文化价值的制度化的呈现，我称之为“制度化的儒学”，它与传统帝国、皇权及科举制度是密不可分的。必须指出，从洋务到维新到辛亥革命到新文化运动，它们对中国传统文化虽是愈来愈烈的批判，实际上中国文化并没有消亡，但儒学是被“去中心化”了，而“制度化的儒学”则是寿终正寝了。（详见2007年12月北京大学第二届费孝通纪念讲座论文《文化自觉、全球化与中国现代性之构建》）

整个20世纪中国现代化的工作，基本上是政治、经济、教育、军事等各个领域寻求新制度的建立，也即从事于“制度的现代化”。20世纪的中国有太多的事件阻滞或扭曲了现代化的过程，特别显著的如军阀割据、日本的侵华、“文化大革命”，内地到1978年之后才大步走向现代化。

内地近30年的现代化，几乎与20世纪70年代以来新一波的全球化同步，中国进入世界，世界也进入中国。因而在中国崛起的强音中，不得不冷静地自问，中国现代化的最后目标是什么？

我认为中国现代化的终极愿景，是将来要构造一个中国的“现代性”，就是寻求一个中国“现代的文明秩序”。最近上海人民出版社要增订我10年前的一个自选集，我把这本有30多页前言的新书起名为

《寻求中国现代的文明秩序》，这是我终极的愿景，也是中国现代化最终极的愿景。

西方现代性并非唯一的

问：怎么认识这个现代性？中国作为后发国家，追求现代性的过程中，对现代性本身是否需要反思？

金耀基：“现代化”是什么？我的《从传统到现代》一书有系统的讨论。简言之，现代化是指一个前现代的国家为了要跻身于现代国家之林，所启动在经济、军事、教育、政治、法律等领域的变革，因而产生的社会巨大的形变过程。它通常表现为工业化（由农业转向工业）、都市化（农村人口转向城市）、世俗化（科学理性思维的扩散）和普遍参与（在政治上个人主体意识的提高）等现象。现代化可以说是一个社会从传统向现代的转型的过程。

“现代性”是指现代文明体的性格和风貌，我又称之为“现代的文明秩序”。“西方的现代性”无疑是18世纪以理性为根核的启蒙运动的产物。长期以来，西方人把“西方的现代性”等同于现代性，亦即视西方的现代性具有现代性的典范地位。如实地说，西方的现代性中包含有民主、人权、正义、科学等文明的元素，也有普适的意义，但西方的现代性本身亦有缺陷。德国社会学家韦伯在20世纪初早就有深刻的反思，指出西方的现代性并非启蒙标举的理性之胜利，而是一种变质的“工具理性”的张扬与膨胀，近年哈贝马斯更忧思工具理性的张扬与无远弗届的渗透，更造成了他所谓的生命世界的殖民化。

启蒙所产生的现代文明体固有其灿烂的成就，但亦有它的黑暗面与深层问题，即仅就两次世界大战所暴露的残酷与伤害而言，就已显示了其“非理性”的一面，而2008年的全球金融海啸，更又一次揭露了资本主义内在的败坏。

事实上，在全球现代化的今日，世界各国（尤其是非西方国家）自有寻求其现代性的必要性与责任。中国更是理所当然，义不容辞。在这个意义上，今日世界在21世纪，必有机会出现“多元的现代性”。关于建构中国的现代性的思路，我在2004年牛津大学出版社出版的《中国的现代转向》一书中，有比较系统的论述。

“狂热崇新，狂热迷古”走不通

问：古典传统在实际生活中所存无几，现在的年轻人都非常崇尚个人价值、个人权利。这是否意味着中国从传统中能获取的资源其实并不多？

金耀基：中国百年的现代化，乃至20世纪绝大多数的非西方社会的现代化，所碰到的最根本问题就是文化问题。非西方社会的现代化或转化过程，从来就不是“文化中立”的，各个民族文化与西方启蒙价值的碰撞是无可避免的，有的民族文化，特别是因为宗教原因，强烈地排斥西方的价值，有的民族文化则自愿或不自愿地、自主或不自主地都会对西方文化（包括价值）或多或少地接受并作出适应。在现代性构建过程中，文化是无法缺位的，问题只在于本土文化在文化转型中的自主性的高低与多少。

社会学者伯格就指出，东亚出现的工业资本主义与西方的现代性相比较，是一个新的形态的现代性。他认为西方资本主义现代性的最重要的一个组成因素是个人主义，但东亚模型则侧重集体团结和纪律，即“非个人主义式的资本主义现代性”。是什么使东亚的现代性具有别于目前居于支配地位的西方的现代性？基本上，在中国，这是文化，特别是儒家的文化。

在这个意义上，建构中国现代性的部分资源应该并且必然会来自中国这个“轴心期文明”的文化传统，中国或东亚的人（也包括一切非西方的人）在经济、政治、文化现代化的过程中，应该自觉地调整并扩大现代化的“目标的视域”。中国建构新的现代文明秩序的过程，一方面，应该不止是开放并批判地接受启蒙的价值；另一方面，应该不止是中国旧的传统文明秩序的解构，也应该是它的重构。中国的新文明秩序是“现代的”，也应该是“中国的”。（详见北京大学潘光旦学术讲座论文《中国现代的文明秩序的建构——论中国的“现代化”与“现代性”》）

问：你说过“中国的未来将是中国古典传统的现代化”。

金耀基：我写过一篇文章，叫《没有“没有传统的现代化”》。现代化有好多种，但从来没有“没有传统的现代化”，这是我替画家何怀硕写书序时写的，他非常强调传统的转化。他的画就是中国水墨画的现代形式与精神的表现。有的传统是不一定有害于你的，中国书法有害于你吗？书法是中国艺术里最典型的传统文化，只有书法的艺术比画还要更传统，这些东西不会影响现代化。

现代与传统间有多种结合、搭配的可能性。在现代化过程中，许多传统事物与价值都有安顿的可能，我甚至要说，越是现代的社会，越有保护与发扬传统事物的可能性。只有在思想上最懒惰，或者在观念上只有传统与现代的两极观的个体或团体，才会狂热崇新，或狂热地迷古。

英、美、德、法都是现代化的社会，但就我所知所见，他们有“共相”之外，仍保有各自的风貌，即使东方明治维新后的日本，除了有明显的“西化”与“现代化”的形貌外，仍处处保有日本传统的精神与风格。无疑，各国的文化传统在其现代化过程中扮演了重大的角色。中国的现代化必然是传统与现代的挂钩接榫的历史运动。

儒学、佛教在现代化中的作用

问：儒学如何在现代化的过程中转化，发挥作用？

金耀基：“制度化的儒学”（或“国家儒学体制”）自辛亥革命之后，已随帝制皇权的崩溃而解组了，而作为中国支配性价值体系的儒学（包括仁、义、礼、智、信的观念等）亦早于1905年清廷下诏“废科举”到1919年新文化运动后，出现了一个“从经学到科学”的知识范典的转换。

儒学核心的四书五经从大学课程中剔除，科学已成为中国现代大学中知识谱系中的主心，中国已进入一个没有经典的时代。诚然，儒学（四书五经）中有些内容在新大学教育体制中的文学、历史、哲学科目中仍然存在，但已没有“经典”的地位。不过，儒家的价值，特别是与帝制皇权拆离的价值，通过多种文化传递的渠道（如戏剧、电影、民俗活动、宗教活动、图书馆、博物馆等等），在今日中国人的日常生活中依然具有规范性的作用。（在这里，我特别需要提出“人情”“面子”“关系”等有规范性的社会概念，这些社会性的概念，虽然不在儒学经典之列，但却来自儒学经典，从社会学观点看，这是极重要的。我的《中国社会与文化》有多篇论文分析这个问题。）

值得注意的是，在经过现代化洗礼的香港特区与台湾地区，在经过“文化大革命”这样反传统文化的内地，许多大型的社会调查中，显示当代中国人，一方面已在不同程度上接受了部分西方的现代价值，另一方面，仍拥抱中国文化，特别是儒学的某些价值（如“孝”）。这显示，儒学在现代化过程中，并非全被淘汰或扬弃，事实上，有些儒学元素更有转化与适应的力量，已在发挥作用。

我的《中国社会与文化》一书中，《东亚经济发展的文化诠释》一文，以香港特区为例，指出香港华人的中国性主要表现于儒家看重家庭亲属的核心价值，延引到企业上，则表现于习惯录用亲属同宗之人的用人态度。这种亲亲私情的做法一般被认为妨害讲求理性效率的资本主义体系，不过，香港同胞却有意识地、理性地在运用传统的文化资源，使之成为一种文化资本，其中的关键在于家族主义在经济自由竞争的世界中已转化为一种用以增进信赖的利器，而非负担。

传统的家族主义成了追求实际物质名利的实用价值，这可看到传统儒家文化的韧性，可以配合现代的制度而创造出不同于西方的现代性：儒家的文化信念和价值，在非儒家式的制度环境里，找到了显示一种新的和再生的表达方式，这些信念和价值能够作为一种实现现代化的资源而被有效地利用。我在1955年夏威夷的东西哲学家会议中，曾提出《儒学、现代性与亚洲的民主》的论文（原文为英文），就是讨论儒学在民主建构中的可能作用。

问：儒家的入世情怀本来就很重，它不仅在君子人格方面对现代人有价值，而且在家国情怀方面，也有公天下的理想，如你所说，在社会文化资本上也有其价值，但似乎在现代制度建构上比较欠缺。相对出世的佛教传统又如何在现代化中发挥作用？

金耀基：佛教，像别的宗教一样，在现代化的过程中，都必然会受到冲击，现代化的基本精神是理性，理性中的最强音是科学理性，而宗教最根本的精神是信仰，因此，科学与宗教无可避免地会有冲突。

人类文化的演变，整体上看，理性若壮大与扩张，社会就会出现“释魅”现象。凡是迷信，绝对反理性的宗教成分，都会被释魅，而且有“世俗化”的趋势。

自17世纪科学革命以来，科学一步步升起，宗教是一步步退缩，但这不是说科学将会取代、消融了宗教，这是不可能的。因为宗教，包括佛教，有超自然的一面，有“未可知”或有科学不能证其为非的领域，这就不是科学可以取代的。大哲托尔斯泰、社会学家韦伯都指出关于生命的意义问题、人生价值的选择问题，都不是科学所能提供答案的。所以，在现代化的社会，不止看到“世俗化”有其限制，也看到世界“再魅化”的现象。

讲到底，科学求真，宗教求善。宗教在人类寻“善”的道路上，亦即在道德伦理秩序的建立上，像儒学一样，所展示的是科学知识外的一种知识系统。科学是“知性之知”，佛学讲的是了悟、修行、慈悲，儒学讲的是“德性之知”，是成菩萨成佛，是成贤成圣的学问，这是人类文明中不可或缺的知识，这也是佛教（及其他宗教）与儒学为什么在现代化中仍会存在，仍会发挥作用的原因所在。

台湾地区的当代宗教，星云、圣严与证严法师所建立推动的是一种“人间佛教”，它们与台湾地区的现代化同步推进，它们最大的价值，恐怕不在为信众提供一个来世登上彼岸的极乐世界的保证，而在于为信众提供一条此生此世活得更有意义的人生道路。

如何走出循环

问：你还有个见解：转型期社会最突出的现象就是恶性循环，转型期社会无法作“面”的趋进，而只能作“点”的突进，而“点”的突进常融消在“面”的阻碍中。转型中，如何在面上突破？

金耀基：当然了。一个社会发展，开始是有几个突破点的，但点的突进常被融消在面的阻碍中，但是如果改革气候好，突破点慢慢可能变成线，最后是全面性发展。中国在过去30年，有好多突破点，然后慢慢成一条线型，现在在经济领域上，也有重大“面”的发展。经济面里牵扯到很多政治面，中国经济发展从某个意义上讲，根本上是一个重大的政治决定，走向开放改革、市场经济。

未来30年，必须在政治层面，多一些想象，加力发展民主化的基本机制，使政府这部大机器成为了解与尊重民意，能积极回应民意，且向民意负责的治理体系。要达到这个目标，须加强各级政府的民主机制。前中国国务院总理温家宝近年来不止一次提到经济改革后，必须有政治改革来保障经济改革。这是充满忧患意识与谋国的远见。

红色文化与中国革命传统

■ 于建嵘 裴宜理

于建嵘：中国社会科学院农村发展研究所教授，社会问题研究中心主任

裴宜理：Elizabeth J.Perry，美国政治学家、哈佛燕京学社社长、哈佛大学政府系亨利·罗佐夫斯基讲座教授

这是于建嵘教授与裴宜理教授第三个公开发表的对谈。对谈的主题是红色文化与中国革命传统。访谈时间为2011年4月15日。与此次访谈对应的国内背景是，红色文化重新在很多地区以各种方式复苏，红歌嘹亮，红衣飘飘，一种整齐划一、社会运动式的文化激情正在点燃，隐隐带出早已淡出人们脑海的一个词语——革命。而裴宜理教授新近的著作《安源——挖掘中国的革命传统》中提出的问题是如何解释早期共产党的传统以及它持久的生命力。其中的很多思考，正好与当下中国产生了关联。

一、利用中国革命的好传统

于建嵘： 我想和你谈谈红色文化。红色文化在某些地区复兴，已有两年了，但最近一个阶段开始在更大的范围内流行。现在连监狱里面坐牢的人都要唱革命歌曲。我感到担忧。你是研究中国革命传统的，特别是你最新的著作，更集中于这一方面。在你看来，革命传统应该如何定义和理解？中国共产党早期的革命传统为何具有如此强大的生命力？

裴宜理： 我觉得革命传统是非常非常复杂的一个概念，它包括各式各样的彼此有矛盾的想法、因素和行为。美国也有自己的革命传统。为了表达一些对政府不满的想法，老百姓也用这个传统，比方现在有茶党会（Tea Party），意思是跟随由波士顿发起的“倾茶运动”的脉络，代表着美国真正的革命传统。奥巴马发言时，也提到美国革命传统。

官方与民众都知道有这么一个传统。但怎么分析它，则需要自己的立场。我研究安源煤矿的历史，首先要感谢于老师给我介绍这个题目。这个个案非常有意思。那时的革命者，尤其是李立三，很善于利用中国各式各样的文化资源来动员人民。中国文化资源非常丰富、复杂，但他们既懂得用精英文化，也懂得用民间的文化资源。

其中最主要的，是他提出的罢工口号，“从前是牛马，现在要做人”，我觉得这是关键问题，强调人的尊严。他们能动员这么多工人，就是因为当时共产党真的尊重人的价值，认为这些人有上学的权利等。他们当然也利用传统农民起义和传统的秘密社会等各式各样的文化资源，当时有个理想目标，希望能够提高一般老百姓的地位。

所以，我认为安源革命传统的最重要遗产，就是“从前是牛马，现在要做人”。后来安源革命的传统被各式各样的人所用，比如20世纪50年代末60年代初，首先是刘少奇使用各种文化形式和手段，来提高他的地位。他支持一些人写戏、编戏剧。当时江西的宣传部派了好几个人去安源调查，专门编一个关于安源大罢工的戏；也有知名油画家侯一民给他画《刘少奇与安源工人》的油画；还有学者在安源和南昌写了《红色安源》这本书。这些文化内容，都是要说刘少奇20世纪20年代在安源的贡献，根本目的是要提高政治领袖的地位。

为了区分，我把解放前的这种文化动员，叫作“Cultural Positioning”（文化置换）——我自己发明的一个词——意思是用各式各样的文化资源来进行社会动员。你不一定有很好的地位，但知道文化的力量，懂得利用文化资源来动员。与此同时，我在书中用了另一个概念，叫“Cultural Patronage”（文化操控），意思是自上而下动员，但是是为了支持国家力量。

这两种动员不同。我觉得刘少奇开始自上而下利用安源文化之后，安源革命传统的意义就被改变了。到“文革”时更是如此，后来各种人物通过各种方式利用安源历史，论述毛主席的历史地位。

因此，中国共产党的革命传统和革命遗产是什么？它留下来给中国将来的是什么？很难说，因为所有人都可以利用这个文化资源。每一位政治家都有自己的想法。社会上也有不同想法。比如说安源工人和其他人对这个文化遗产，同样会有不同想法。我们无法用一个定义去确认什么是安源精神，或什么是中国革命传统。所以，大家应该争论，应该研究那段历史，以便用这个历史的资源来改善当代的情况。人们会慢慢发现这个资源对中国当代的政治改革或文化改革的帮助。

我写这本书，不是为了告诉人家安源革命传统是怎样的。这个革命，甚至“文化大革命”，它们已经发生过，都非常重要，喜欢不喜欢是另外的事。学者还是要从客观的立场来分析，首先到底发生了什么；然后，人家怎么看；再然后，我们如何看，觉得教训或成就是什么。我是希望大家能争论一下，对中国革命传统有什么想法。

我不要给中国革命什么评价，这个评价应该按照后代怎么利用这个资本来判断——你们利用得好，中国革命就变成很好的一个事，但利用不好，也可能非常可怕。因为，所有革命都有好的一面也有坏的一面，有暴力的一面也有理想的一面。

于建嵘：你说得很清楚。这两个概念很重要，“文化置换”描述的是搞革命时，革命者利用这个文化的目的是动员群众，因为他们没有政治权力，所以需要用各种文化动员让群众跟随，需要塑造权威。在这个阶段，革命者的核心口号——“从此要做人”，就是把你当成一个平等的人，提出你最基本的需求。但当他们得到认同、建立组织之后，又开始产生一种支配性的力量——这是另一个概念的内容（文化操控）——你必须跟我去打出来这个制度，要搞革命。这时它的支配力量不一样了。我认为，一种组织建起来后是不一样的，一旦进入它的组织体系之内你就要服从，那时的文化就不一样了。

你刚才后面讲的一点也非常重要，后来的人怎么去利用革命传统。比如说，毛泽东的确是到过安源，刘少奇到过安源，这都得到了充分的关注。但李立三，因为解放初的际遇和打击，他得到的挖掘最少。

裴宜理：但我最佩服他，他一直是为工人说话的。

于建嵘：他一直坚持了他最基本的东西。我注意到一个问题，他最早时讲的是江湖义气这些，一旦形成了组织，建立共产主义制度后，文化支配性开始产生了——马克思主义占了支配地位。我认为你这次研究最核心的意义，可能就是当一个革命文化产生后，政治家们的运用和挖掘。你提出一个很重要的命题，对中国革命的理解要分阶段地研究，特别是对于革命文化的阶段性理解，它的目标也是阶段性的。这个思考很重要。

二、中国革命善用文化资源

裴宜理：另外，我觉得，在一般民众的脑子里，革命传统留下来的印象比较模糊。他们可能忘了革命原来的目标。我想现在大部分中国人都忘记了这个革命是来自苏联的一个革命。我上课时，一个中国学生说，中国的民族主义非常重要，因为中国人不会接受外来的政治影响，中国有自己的方式。我说不对，因为从19世纪到当代，中国的知识分子、政治家，都是模仿国外的一些政治模式。

我们现在说这是中国政治，可是从比较政治的视野来看，中国政治系统和苏联没什么两样。刘少奇在安源就是要建立一个中国的小莫斯科，他是从苏联回来的，建立工人俱乐部时，他也说这个俱乐部很像莫斯科的大戏剧院。所以，他认为要把苏联最好的文化拿来在中国进行（建设）一个新的政权。

当然刘少奇和毛泽东非常复杂。他们的革命最成功之处——尽管我未必赞成——我认为就是大部分的中国人认为他们的政治和政治文化，是中国式的，或者是具有中国特色的一个政治系统。尤其现在苏联、东欧那些共产党国家没有了，中国人就更加觉得自己的政治体制是中国的。

于建嵘：是不是在你看来，本来这种体制性的、最核心的东西是对外面的学习和模仿，从列宁主义政党建立到政治体制的目标追求都是从苏联学来的，但很多人越来越认为这就是中国本身产生的东西？

这一点，即使是在改革开放30年后，随着我国经济建设取得的成就以及政治发展方面的一些进步，人们越来越多地说起了“中国模式”。

裴宜理：是的。但有一个区别值得注意，我认为苏联的革命者没有中国的革命者那么能够利用文化资源。

于建嵘：利用传统文化？

裴宜理：也不只是传统，中国人也利用从苏联吸收和模仿的文化，从各式各样的来源吸收养分。比方说刘春华后来告诉西方的艺术学家，他创作《毛主席去安源》那个油画时，受到西方宗教性油画的影响，他当然是在用各式各样不同的文化资源，意大利的、苏联的、中国传统的精英文化、中国传统的民间文化。他们知道这个文化资源的力量。这一点，斯大林和列宁，比不上毛泽东和李立三等人。列宁和斯大林都经常说“俄国老百姓的文化没什么好东西”，一直在否认俄国民间的东西。而且他们的革命很短，没有那种经验；中国的革命则持续很长时间，从20世纪20年代一直到1949年，中国政治家用很长时间来学习怎么以文化来动员人民。我觉得，这也影响了革命者建立国家之后利用文化的方法。中国的领导人也好，一些部门也好，比较知道怎么利用文化资源来动员人家。但是，他们对这个事非常疑惑，有时候非常矛盾，比方说有时毛泽东批评孔子，有时说孔子的好话。但无论如何，他们一直重视文化的动员力。

三、最重要的是人的尊严

于建嵘：有人提出，中国共产党合法性的一个主要来源是其在经济管理上的表现，尤其在西方的经济危机之后，这一特征更为明显。

你怎么看待这个问题?

裴宜理: 政治合法性这个概念是从韦伯那里来的。韦伯的意思是，如果政府有合法性，即使它经济表现不好，人家还会支持它。所以韦伯说有三种不同的政治合法性，一种来自于传统，一种来自于魅力型的领袖，一种来自于理性化的官僚体制。

我认为，如果中国共产党的合法性是由于经济成就很好，这不太合理，不管什么国家或者政治体系，假如它有很高的经济成就，我们都会赞成它，这跟合法性无关。没有"经济合法性"这个词。但我认为中国的经济即使不好，人家还会支持它。

于建嵘: 是不是有政治文化的原因?

裴宜理: 是政治文化，但最核心是什么，很难定义。我觉得大部分中国人认为，中国共产党或中国革命是了不起的贡献。在19世纪，中国很落后，国际地位非常低，中国革命作出了贡献，把尊严还给了中国人民和这个国家，大家非常骄傲，认为革命有合法性，认为革命拯救了中国。

于建嵘: 可能很多中国人都这么想。但"尊严"这个看似简单的词，具有多重内涵。在我看来，它是指人有理由自我尊重并获得他人的尊重，人格不独立，则谈不上什么尊严。而人的独立，首先是经济独立、经济自由。按照马斯洛的生理、安全、社会、尊重和自我实现人类需求五层次理论，若一个人的基本生活得不到保证，则不会把获得尊重作为行为动机，亦很难得到尊重。现代社会公民的基本生活，已不仅仅是衣食住行，更包括教育、医疗、养老等等。要满足这一点，虽然首先来自个人劳动，但也要取决于社会财富的再分配体制，离不开社会福利制度的保障。但另一方面，必须承认，改善民生只是获得尊严的必要条件而非充分条件。"人"毕竟是一种灵性的"高级动物”，对精神生活有着自发的强烈要求。公民权利与政府权力界限不清、社会缺少规则，个人依附于体制不能独立，人民就会缺少安全感，从而丧失真正的尊严感。

裴宜理：假如中国经济不好，国际地位就下降的话，我想也许大家不会永远支持。但是，我觉得假如中国能够继续搞一些改革，慢慢提高国际地位的话，大部分的人也还会认为这个国家政治制度是有合法性的。

四、对革命传统的运用要小心翼翼

于建嵘：我认为你讲了两个问题，第一个是说早期的理想主义是对个体的民主和自由的追求。

裴宜理：也可以说是对群体的，但不是对国家的。

于建嵘：对，但也有民族主义夹杂其中。中国共产党早期的确是强调对民主和自由的追求，到了抗日战争后，又把民族主义放到一个很高的位置。所以，有个核心的内容，就是民族主义的理念。我非常同意你刚才的判断，更多的可能是老百姓的这种想法——他们会比较中国人原来是什么样，现在什么样，然后有一种骄傲。

问题在什么地方？重新运用革命传统时，如何平衡最初的理想主义状态和后来的民族主义。共产党革命让中国独立了，但同时革命还有一种含义，最初的理想是要给民众以民主和自由。

所以，讲中国革命让中华民族在世界上站起来了，另一方面，别忘了还希望追求民主和自由，包括工人的地位等。假如分开来论证，会带来问题，带来困境。

裴宜理：这个问题很有意思，假如20世纪80年代否认毛主席，那也非常危险。我觉得这是很聪明的方法，如果要保护政治稳定的话。

于建嵘：这就是道统。

裴宜理：但是，如果现在提出革命，我觉得对执政者非常危险。同时，民族主义也很危险。

五四运动、五卅运动都是民族主义运动。这些运动，虽说是为了支持国家，但也有另外一些目的。假如国家只说民族主义好，也很危险。因为大家会说政府认为好的内容，比如“一定要解放台湾”“要得到钓鱼岛”，而政府不服从这些诉求，大家就会批评说政府很软弱。

五、革命传统与规则形成

于建嵘：但现在中国的民主进程也遇到一些问题。民主就是对政治权力的制约，用选票或者其他方式形成对政治权力的制约、制衡。但这种制衡，可能也会给中国现行的政治运作方式带来很大挑战。所以现在我认为中国越来越处于两难。

而且，如果给革命赋予一种新的理念，比如现在大力鼓吹一种革命文化，这可能是非常危险的做法。政治家可能难以驾驭，最终带来对政治更大的破坏。所以我认为中国目前可以去反思或追究到底发生了什么。实际上中国的现实主义的选择，我认为法制，对一种规则、制度的追求，特别重要。但革命总是要找一些借口去打破这种法制和制度的形成。

对邓小平的理解你就感觉到了，一方面他要保留这种道统——不能批毛泽东了；另一方面他想通过建立规则和体制，重新规范这个社会。但是现在这两个东西——革命道统和法制规则——恰恰可能有些矛盾。一方面是要建立一个规则体系，另一方面，革命则要破坏这个规则，双方的矛盾很大。

所以，我最近在想这个问题，谁正在重新讲述、拼接、再造这个革命传统，怎么利用传统。

裴宜理： 假如执政者现在要利用革命文化的力量来支持自己的地位，大部分中国人能够接受吗？

于建嵘： 现在我发现恰恰有些人还是能接受。

裴宜理： 他们的想法是什么？

于建嵘： 对革命传统的召唤，也透露出民众对当下生活的不满。我对安源工人做的访谈，他们大量说不满，不公平。在他们，特别是一些老人看来，毛泽东时代什么都是公平的。所以，这种社会心理可能是重回革命、重回理想的一个关键。当然，中国已经形成的利益结构，使这种革命的东西回来，面临巨大的障碍，因为革命是打破利益结构的。追求个人平等也好，追求所谓民族主义也好，都要打破规则的。另一方面，追求民族主义需要垄断权力，追求平等需要权力的分散，这两个方面本身也是矛盾。

我的担忧也在这里，假如执政者不能意识到这种革命会带来什么，你去运用它，可能就会带来风险。我担心整个社会重新回到打破规则，民粹主义抬头的年代。民族主义和民粹主义这两个东西是共通的。而实际上，中国目前恰恰要形成规范和规则。“强者”不守规矩，正是社会的问题之一。一方面，社会缺少公平正义的环境，不能让守规则者得利，反而是不守规则者得利，民众对社会的失望，有可能带来对整个社会的反抗。另一方面，也会加剧官民冲突，这在上访、拆迁和征地中表现尤为突出。让人担忧之处也在此。

政府有责任提供规则并保证其成为社会普遍的行为规范。现代社会要求规则的公平、公正性，这需要有充分的民意表达，需要博弈，但现实中必须承认我们的政府一直对此处于主导的作用。因此，政府必须要制定合理的规则，并使其获得严格的执行。就当前的中国而言，公平公正规则的主要内容就是限制公权对私权的侵犯，限制强势集团对社会弱势民众的掠夺。要让他们坚守法律，在法律的范围内行动，用法律来解决社会纠纷，用法律来制定我们社会未来的蓝图。

所以，在我看来，你这本书说出了一个很重要的观点，就是对革命传统的重新认识，我们不是定义它，而是要重新寻找这个变化的过程，形成一个清晰的认识。对执政者来说，利用这个文化时，则应对将来历史的责任有更多思考——利用得过了，可能会带来问题；利用得不对，利用的方向出了错误，也可能带来大的问题。

萧功秦：我更担心改革被锁定

■ 萧三匝

作为新权威主义的代表人物，萧功秦遭到了知识界的众多反对。有意思的是，同为上海知识界“三剑客”的朱学勤把萧功秦定位为“吾敌吾友”，徐友渔则认为萧是一个“书生”。

在萧功秦家看到他那些藏书时，我没理由不信他是一个纯粹的学者。萧功秦说，他喜欢看曾经失意的历史人物的回忆录，因为失意的人物会反思，而那些一直高高在上的人的回忆录没什么好看的，“和政论差不多”。

简而言之，萧功秦的新权威主义是作为激进主义的对立面存在的。他不否认中国应走向宪政，但过渡阶段需要开明专制，现代化需要权威者主导，政治稳定是现代化的必要前提。这种看法源自严复。但乐观主义者萧功秦无法证明，他所寄望的权威者为什么会必然将中国带向现代化，而不是走向路径依赖和路径锁定。萧说，在激进主义退潮后，新权威主义已经和温和自由派合流。

高层对我不鼓励，也不反对

南方周末：朱学勤先生在一篇叫《吾敌吾友》的文章里透露，你的观点曾得到高层赞赏。有这事吗？

萧功秦：不存在。简单地说，高层对我应是既不鼓励，也不反对。20世纪80年代末，有人向邓小平汇报，说知识分子中有个关于新权威主义的讨论，这派人认为，所有后发展国家民主化初期都需要一个权力集中的阶段，民主只能在以后搞。邓小平脱口而出：我就是新权威主义者。不过，这个字不好，要换一个字。

我那套想法和主流意识形态也有很大差距。新权威主义是作为激进自由主义的对立面出现的，认为在条件不成熟的情况下推进激进民主，将会带来灾难。

新权威主义刚刚出现时，多数人不理解，认为权力高度集中的体制对中国造成巨大灾难，为什么“文革”刚结束，又要支持一种新权威？一个正常人不会这么讲话，讲这个话的人要么低智商，要么居心不良，大部分人认为我居心不良。这个时代已经过去了。

南方周末：何新跟你有区别吗？

萧功秦：我把他划分为国家主义者。国家主义和新权威主义都强调不能直接照搬西方那一套民主模式，强调现代化过程需要权威。但何新身上没有民主导向。

曾有个老板问我，你能不能用一句话来说新权威主义？我说：只有铁腕才能造成政治稳定，只有政治稳定才能经济发展，只有经济发展才能造成社会利益的多元化，只有社会利益的多元化才能形成不同利益主体之间的契约精神，只有有了这种契约精神才能有宪政民主。某种意义上，新权威主义主张具有开明导向的铁腕政治。

当然，我并不认为所有的新权威主义都会自然而然地走向宪政民主。

危机中的变革一定会陷入两难状态

南方周末：你对从康梁到孙中山黄兴的激进主义多有批评，如果不是屡屡被激进革命打断，今天的中国是否早已实现宪政民主？

萧功秦：很难说如果没有康梁孙黄中国就一定会走向现代化。

如果清末的改革机会一开始没给康梁，而是给张之洞、刘坤一这些比较温和的人，可能改革者和慈禧太后的关系就不会那么糟，也就不会有后来极端保守派的上台，当政者就不会支持义和团。统治者有了深度危机感，此时推行清末新政，已来不及了。危机中的变革一定会陷入两难状态。

南方周末：为什么激进主义后来会在中国越来越发酵？如果皇帝是汉人，辛亥革命是否可以避免？君主立宪是否可能实现？

萧功秦：明朝那些皇帝就一定好吗？明朝皇帝的道德素质、责任感甚至智商整体上都比清朝皇帝差很多。但的确清王朝是异族王朝，一旦陷入困境，它的合法性流失的速度要比别人快得多。

极端保守一定会出现极端激进

南方周末：与对康梁孙黄的态度相反，你长期推崇作为新保守主义先驱的严复的思想，主要考虑是什么？

萧功秦：孙中山为什么没成功？为什么所有后发国家直接建立民主政治统统失败了？严复的论证非常清晰，民主是个好东西，要把它移植进来，但要真正成功需要另一些条件支持，但你把第二批条件移植进来，发现后面还有一些配套条件，怎么办？严复打了个比方：有人想使一头牛跑得像马一样快，一开始给牛接上了马蹄子，但牛还是跑不快，后来发现马蹄子是需要马的骨骼带动的，于是再把马的骨骼装过来，但还是跑不快，后来又发现马的骨骼需要马的肌肉带动，也就是说除非把一头牛完全变成一匹马，否则它跑不快。

南方周末：即使是一头牛变成了一匹马有什么不好呢？

萧功秦：问题是牛不可能变成马，真那样，就意味着你变成外国人了。这是个悖论。

南方周末：人性本身还是相通的吧？

萧功秦：制度是要用来有效地操作的，和人性不是一回事。即使人性是相通的，但各国的文化是不同的。

南方周末：但你也承认严复实在是一个悲剧人物？

萧功秦：他在晚年之所以悲观，我觉得是因为对中国的激进势力无法阻挡有种预感，因为极端保守一定会出现极端激进，他知道这种激进主义的后果非常可怕，但他无能为力。严复最深刻的一句话是："非新无以为进，非旧无以为守。"这句话太好了。

他觉得袁世凯无论是从能力、威望还是从经验来说，确实是一个非常理想的强人，但袁世凯称帝的想法是不可理喻的，所以他干着急。

重建秩序需要多试错

南方周末：你和朱学勤都反对先验论和激进主义，为什么你们对现实问题的主张却相当不同？

萧功秦：朱学勤身上有一个内在的矛盾：从情感上讲，他是一个激进主义者；但理性上讲，他又要排斥卢梭，认同哈耶克。一个经历过卢梭式的大革命悲剧的中国人，不可能拒绝哈耶克，但作为一个性情中人，朱学勤会蔑视现实权威，表现出强烈的政治热情。社会也需要这样的人，群众也需要这样一款产品（笑）。

个性是娘胎里带来的，我喜欢骑摩托车，经常高兴得像小孩子一样，看到外面不平的事情我会和人家吵架。按照我的性格，我应该是个自由主义者，但我和他正相反，我的文章是冷冰冰的，他觉得有些不可理解。

南方周末：我记得你说过，一次会上，你遭到了所有人的反对，但当时你没有辩驳机会，有两个朋友到你家来，想听听你的反驳意见，你当时很动情地摸着女儿的头说："咱们如果再搞激进主义，下一代怎么办？"

萧功秦：那两个人是谁？一个是许纪霖，一个是朱学勤。那次的会议，每个人只有10分钟讲话，我开始就讲完了，别人的观点都是骂我的，我想继续讲，但他们不让我讲了，我好像变成一个批斗对象，憋了一股气。他们两人到我家来，最后我说："如果你们真这么想，我也觉得没有办法了。"

我当时觉得很可悲，对中国的前途很担心。

南方周末：在你与朱学勤先生关于现代化的普世价值讨论中，你显然是"文化制约论者"，反对他比较倾向的"制度决定论"，如何解释朝鲜战争结束后几十年来朝鲜和韩国在经济社会发展方面存在的巨大差距（根据最新报道，韩国现在的经济总量是朝鲜的38倍）？这两个国家不都具有相同的历史和文化吗？另外，台湾地区和大陆的文化也一样，为什么制度可以不一样？

萧功秦：这个体制现在已把公民社会完全除掉了，要重建民主，首先要发育公民社会，这就不只是一个制度问题。中国就算马上把权力分立那套制度全部建起来，没有公民社会支撑，不是要更乱了吗？

台湾地区原来的士绅社会有着类似于市民社会的传统，而且在社会、经济发展过程当中，各阶层间又形成了多元互动，重建了社会公民组织，台湾地区的农会、中小企业家协会、商会等等组织都是在原来没有中断的基础上逐渐发展起来的。这成为台湾地区后来民主政治转型的一个非常好的基础。所以要拒绝制度决定论，渐进改造文化。

同一个民族分成两个部分，有的选择这条路，有的选择那条路，这不是制度决定论，也不是文化决定论，而是历史的机缘。根本上，重建秩序需要通过试错的、渐进的、经验摸索的方式，而不是通过蓝图设计的方式。

要给多元试错更大空间

南方周末：有人认为，别国经验也是经验，我们完全可以采取拿来主义的态度。你所说的经验是指某个国家的经验，还是人类共同的经验？

萧功秦：经验主义与理性主义本质上的区别在于：理性主义认为人的理性能够设计出钟表、飞机、大炮，也可以设计一种最好的制度，带来最好的社会；但经验主义认为，人获得信息的能力和理性的能力很弱，不足以设计出好制度。小白鼠之所以能走出迷宫，不是因为它获得信息的能力和理性能力足够，是不断在试错中找到了一条路。人就像小白鼠。

中国现在重建公民社会，面临一个两难问题：不建公民社会，民主无法实现；如果完全放开，首先出来的组织，可能会把很多问题引爆，公民社会可能还没建成就会大乱。这个矛盾用什么理性来设计都没用，怎么办？就是要允许试错，让民众有很多组织，让它在试错中找到一个边界。这个边界既能够使公民社会发育，又不足以引起对现秩序的根本挑战。

现在中国最需要的是给多元试错以更多机会和空间。

世俗理性比乌托邦主义更值得乐观

南方周末：新权威主义者是否对权威者推进现代化的愿望和能力过于乐观？你说过你是一个“不可改悔的，顽固的，带着花岗岩头脑的乐观主义者”？

萧功秦：与印度哲学相比，儒家文化具有一种乐观精神，我内心深处受儒家文化影响。

南方周末：现代国家讲权力分立，对人性比较悲观，否则何必要分权呢？

萧功秦：我始终不讳言，新权威主义描绘了一个理想的蓝图，像中国这样一个后发展国家，要走向民主，必须经过一个威权主义阶段。我可以描绘出一条最理想的曲线，但不能保证任何统治者一定会遵循这个曲线去活动，我也没有义务为任何实际的威权政治背书。

南方周末：一种制度运转多年就会自发运转，如同一列在高铁上运行的列车，即便执政者有足够的愿望使这列列车扳道成功，有什么理由可以认定他们有足够的能力扳道成功？

萧功秦：我的乐观不是针对某个具体的统治者，我的着眼点在总趋势。中国已经脱离了乌托邦时代，执政者还是从世俗理性来思考问题。世俗理性是在日常生活当中根据效果、风险、成本综合评估的结果，相对于乌托邦而言比较实事求是。

激进的乌托邦主义确实可以把社会引向深渊，但是现在很多官员思考问题时内心也没什么乌托邦，就是发生什么问题解决什么问题，而且考虑怎么降低成本、降低风险，这是技术官僚的一个基本思维。改革无形当中遵循着一个小白鼠过迷宫的思路，在试错的过程中找办法，因此中国的前途靠世俗理性要比乌托邦主义更值得乐观。

南方周末：很多人指责新权威主义者是把改革的希望寄托在了圣人明君身上，现在看来是一种误解，你是把希望寄托在了世俗理性上。

萧功秦：20世纪是一个从制造乌托邦，到乌托邦膨胀，再到乌托邦造成灾难的时代，21世纪是去乌托邦的时代，用什么来去乌托邦呢？基本上还是靠世俗理性。

现在我和自由派没太大区别

南方周末：新权威主义者必须论证的一个重要问题是权威何来，你认为权威可以来自经济增长及其给人民带来的实效，实惠论可以取代契约论？

萧功秦：合法性的来源是多种多样的。你要问你母亲对你的合法性来源于哪里，她会说“我生了你就是合法性”。

南方周末：新权威主义主张低度政治参与，对人们的政治参与热情怎么办？

萧功秦：随着社会进步，旧矛盾得到解决，人们要表达多元化的利益诉求，由此对政府的行为起到制约，这时随着社会多元化的进展，执政者应有序地建立政治参与的渠道。这方面比较弱。原来不放开政治参与是因为害怕出现政治参与的爆炸和井喷，但这些年在现代化转型过程当中出现了很多新的矛盾，他们担心扩大政治参与会使矛盾激化。

南方周末：任何时代都有各自面临的问题，这怎么办？

萧功秦：我现在不能简单地说是一个新权威主义者。新权威主义只能说是在改革开放初期，作为激进自由主义的对立面而存在。当时我更强调秩序和权威对稳定社会的作用，以及这种稳定对于现代化发展的作用。现在，我更多的表达和自由派没有太大区别。我主张，改革进入中期阶段后，虽然有各种矛盾，但应通过制度和政治参与的创新来逐渐解决。

南方周末：孙志刚事件出来后，你的结论是“一个公民的权利得到充分保障的社会，才是一个真正稳定的社会”，但你原来强调的是权威者的权力，恰恰不是公民的权利，这是不是体现了新权威主义在理论上的自我矛盾？

萧功秦：社会在不断的冲突过程中会形成一个不断移动的博弈边界，如果说没有什么冲突，（执政者）不大可能主动地开放一个边界。公民和政府之间在某些具体问题上博弈，对社会进步有利，比如说出租汽车司机停工，有的地方就解决得比较好。

南方周末：你认为当下体制的最大优势是可以通过延时效应来解决腐败和两极分化，延时效应就一定能解决这些问题吗？

萧功秦：我现在经常强调延时效应的两重性：从好多方面来说，它为政府预留了更充裕的时间来解决难度很大的问题；但另外一方面，如果不能利用这个时间进行制度创新，社会矛盾将会不断地积累，最后总爆炸。延时效应用得不好，就会压抑社会矛盾，或者表面上化解马上会爆发的冲突，但真正的问题并没有解决。

有人提出所谓的冲突理论：一种冲突是低频率、高强度的，另一种是高频率、低强度的，所谓民主社会的冲突就是高频率、低强度的，这是一个正常社会应该有的。

这个办法也不太行，那个办法也不太行

南方周末：在谈到如何防止中国现代化转型中的地方庇护网政治时，你建议地方司法机关和监督机关应从地方政府的管理范围内分离出来，你也主张支持鼓励新闻传媒监督地方政治事务，也主张基层民主。你所说的地方和基层到哪一级？如果下一级政府是民主选举的，它和上一级政府的关系如何协调？

萧功秦：公民社会没发育成熟，通过地方选举来走向民主，有个死结，就是选到哪一级，哪一级就不听上面的话。这是个问题。所以我还是希望通过法团主义模式来重建公民社会，公民社会发育起来以后，法团再和地方选举结合起来，可能情况会更好一点。总而言之，我在很多具体的问题上面，总觉得有很多很多困难。

这是中国民主改革最大的问题。强国家、弱社会体制，强政府有

它的行为逻辑，在很少受到社会的制约条件下行动。新加坡、韩国都是在政府多多少少受到社会制约的情况下走向民主的。与这些威权政府比起来，中国社会对政府的制约能力更弱，所以其他国家通过新权威主义走向民主化的那种方式对中国都不太实用。觉得这个办法不太行，那个办法也不太行，这正是这个时代某种悲哀所在。

南方周末：你主张的新权威主义的政治现在有没有比较成功的例子？

萧功秦：大陆对岸的台湾地区、韩国、希腊、西班牙、葡萄牙都经过威权主义阶段。佛朗哥曾经长期统治西班牙，佛朗哥时期的威权政治，就为以后的民主发展奠定了很多条件，比较成功。

南欧模式、东亚模式，都是比较成功的新权威主义模式，但拉美模式并不成功。拉美模式是高度政治参与，民粹主义力量太强，政治野心家为了让老百姓选他，利用民粹主义，给底层百姓承诺高福利，整个社会不进步，没有效率、通货膨胀、高失业、借外债、养懒汉，然后被另一股威权势力推翻，时间不长又腐败了，民粹主义又把新左翼选上去，整个国家陷入死循环。20世纪40年代阿根廷的生活水平在全世界排第6位，现在已下降到第80位，是很典型的例子。它属于在一个极强的民粹主义传统基础上面的新权威主义，但它控制不住社会。

法团主义对中国是很现实的一条路

南方周末：你曾指出法团主义是公民社会建构的现实选择，但即便放开民间法团的发展，代表不同阶层的法团的力量也存在很大差别。实力相差巨大的不同法团之间如何进行有效的利益博弈？比如，失地农民的组织如何与地产商会有效博弈？

萧功秦：我提出法团主义是一种逻辑推演的结果，并不是一个真正的试错方案。我觉得，要让政府放心，就应该由政府组建法团组织，只有建立起各种社会中介组织，才能由它们来反映、解决各种问题。

南方周末：政府组织的法团在中国并不少，真能代表某个社会阶层的利益吗？

萧功秦：政府组织的中介组织目前还是政府的派出机构，下一步发展就是法团了。一旦它能代表它应代表的阶层的利益时，它的独立性就大了，就不全是政府的派出机构了。这样，它就和政府之间可能形成一种博弈关系，这是法团主义的萌芽。

南方周末：为什么你不主张让民间自己组织法团呢？

萧功秦：独立自主的法团和政府谈判最好，但如果政府不允许组织，要派出机构，（就只能）让政府对法团放权、让利、搞活，这是对政府最大的让步。

上海徐汇区有个个体企业家协会就是这么办起来的。政府觉得那么多个体户它管不了，怎么办？要让他们组织起来，政府就派干部，带薪组织协会。干到后来，政府不给钱了，就得收会费，一个摊位收10000块钱，人家交会费给你，你必须为企业家办事，帮企业家讲话。企业家也有这个需要，有很多事要和政府谈判，自己谈不来，也有求于它。从这个例子中，我发现法团主义对中国来说是很现实的一条路。

我更担心走向路径锁定

南方周末：你认为发展党内民主、党外民主和基层民主各有利弊，那你倾向于哪一种模式，或者这几种模式如何融合？

萧功秦：我更强调政府让公民社会发育，让老百姓在公民社会里获得一种民主的训练。这一步如果不走，其他的路更难走。当然我也并不排斥其他方面的一些尝试。

但这仅仅是我的一些思考，强政府不一定按这个逻辑走，我更担心政府走向路径依赖和路径锁定。越害怕公民组织变成一种反抗基础，就更加强化政府的力量，公民社会就更没发展机会，然后就变成全能政府。因为公民社会弱才产生问题，反而进一步弱化公民社会，政府变得更强势。

我最近受邀参加了在上海举办的重庆模式讨论会，讲了对重庆模式的四点疑惑：第一，中国的强政府弱社会体制造成了很多问题，现在要通过加强政府的方式来解决这个问题，结果政府会越来越强，社会越来越弱，中国一旦陷入这个路径依赖，要走向宪政就更困难。

第二，强政府要推行改革，只能通过一个理性的工程设计，但人的理性能力有限，理性设计社会往往会出现很多灾难性的东西，大跃进到人民公社实践证明了这点，你们如何避免这个困难？

第三，唱红打黑是好事，但红里面包不包括“文革”十年错误？如果没有划分清楚，我就非常担心唱红打黑会被一些反对改革开放的人利用，唱红打黑变成唱左打改。

第四，如果过分强调人治，如果治理者又没有能力，社会不是大乱了吗？

下来后有个人对我说：“你讲得太好了，讲出了我们的心里话，你的观点我们大多数人都同意。”大家都同意为什么不说呢？

南方周末：唐德刚讲中国要走过现代化的历史三峡需要300年，你可否为中国的现代化划一个大致的时间表？从新权威主义主张的开明专制到宪政过渡的具体路径是什么？

萧功秦：从威权政治走向后威权政治，从后威权政治进入前多元政治，应该有这个梯阶。以蒋经国为例，后权威政治的特点是：统治者成为统治者的方式是钦定的，但他做的事情符合潮流。全斗焕是搞军事政变上来的，但他做的事情是为了走向现代政治，还是要经过一个平滑的过渡阶段，这个阶段的政治形态掺杂着某种威权政治因素，也掺杂民主政治的因素。

历史的走向不完全取决于我们的想法，未来是不可知的。也许中国人就是小白鼠，通过试错、反弹来弥补理性的薄弱和信息的贫乏所产生的困境。

公共知识分子应该多元化

南方周末：有天涯网友曾问你："如果知识分子都认同新权威主义，不唱《马赛曲》，巴士底狱永远不会被攻克"，你没正面回应。现代化过程中，知识分子是否要发挥能动性？

萧功秦：公共知识分子应该多元化。新左派对底层利益的关注，对于平等的强调，自由派对于全球化的鼓吹，对法治建设的督促，新权威主义对秩序、稳定、渐进的强调，都有它的历史价值。我只代表了一种思想，这种思想的存在肯定有合理性，马克思说："人们并不要求玫瑰和紫罗兰发出同样的芬芳。"新左派可能更多地和底层阶级形成某种联合，自由派可能更多地和中产阶级进行某种结合，新权威主义也可能和企业家，和所谓的技术官僚找到某种结合点，未来的民主恰恰需要这种结合，才能真正促使多元的政治力量出现。

南方周末：20年前你曾说过，在一个有着专制传统的国家，为了迫使新权威主义不致蜕变成传统主义、专制主义或法西斯主义，而向你所期望的现代政治过渡，需要中产阶级与知识分子结盟。这种结盟在当今中国形成了吗?

萧功秦：我当时提出这个问题主要是根据其他后发展国家的历史经验来说的，但中国的情况有很大不同。中国刚从全能主义中转化过来，还具有国家极强、社会很弱的特点。因为社会很弱，知识分子利用社会资源来和中产阶级结合的条件就很弱，中产阶级、企业家并不在乎知识分子，你讲话没用，我为什么要和你联合？极强国家的资源集中在国家和官员手里，中产阶级要获得利益，只能和权贵结合。

但从长远来说，也会出现中产阶级与知识分子结盟的局面，只是中国的这个过程要缓慢得多，困难得多。

“拯救”那些正在消失的文化

——文化自由的发展观反对单纯经济增长的发展观

■ 戴志勇

我们在追求一种什么样的现代化？除了钢筋水泥与高楼大厦，乡村生活有没有独立的价值？流行与古典音乐之外，各少数民族的歌诗与音乐，是否也能滋养现代人的精神家园？甚至，除了主流价值和治理方式，那些小共同体的价值取向、生活方式与共处经验，有没有不可磨灭的意义？

“越是世界的，就越是民族的”——近代以来，转型中国一直在寻求各种普适的道理。从师夷长技以制夷，到向英美学习、向苏俄学习，贯穿中国的现代转型。这有其必然性，有不少收获，也有惨痛的教训。

同时，也还有另一句话：“越是民族的，就越是世界的。”固然，民族文化未必全然都好，但文化的进步，是在与其他民族的交往中逐步演进，自然取舍。我们不是要消灭掉各个民族（包括汉民族）原本的文化，才能建立起现代生活。现代生活必然充满多样性，甚至必须有本民族的文化基础与文化参与才能走得更顺利。充分包容，才能构成现代文明的丰富与弹性。中国正走在现代化的路上，治理体系与文化面目都未必那么清晰，但至少可以肯定，贫乏不应是中国现代化的宿命。文化的贫乏，不仅对生活于该文化中的原族群带来损害，而且也将减少其他族群的选择空间。

然而，在城镇化、行政化与消费文明的冲击下，不少文化生态正迅速萎缩，甚至濒临灭绝。其中有多少是自然消亡，又有多少是人为破坏？我们是否有必要行动起来？又该怎么去保护和追求现代文明的多样性，使自由的空间更为广阔，现代生活的基础更为博厚？

2012年7月17日，在腾讯公益慈善基金会的努力下，来自两岸三地的专家和践行者，在“腾讯新乡村绿皮书发布暨保育乡村论坛”上，“探寻乡村文化保育，重估乡村价值”，他们的思考与践行经验，或可为现代化过程中的这个重大问题提供一些参考。

文化自由的发展观

张小军（清华大学教授）：现在，民族文化的生态面临危机，少数民族的村寨正在从中国的文化版图上抹去。全球化的强势就在于，它全面取代传统农业的生产方式，摧毁传统的狩猎、采集的部落文明。

为了发展经济，要建设大型项目。比如修水坝，修电站，在某种意义上，这些工程剥夺了当地居民选择自己生活方式的权利，大规模的人口迁徙，将当地文化连根拔起。这些对文化自由的剥夺愈演愈烈，这种情况发生在近40年来的南半球国家中。以前这些国家都有极其鲜明的文化特色，但现在本土文化越来越模糊。以牺牲文化自由为代价，很多发展中国家并没有获得他们所期望的物质富足。

经济全球化和以经济为中轴的发展模式，给人类带来了前所未有的困境。在一些尚没有失去自己文化的民族地区，人们正在遭受着追逐单纯经济发展给他们带来的对自己文化和自由的剥夺。

文化自由的发展观反对单纯经济增长的发展观。1998年诺贝尔经济学奖获得者阿玛蒂亚·森曾明确地说："发展应该看作是扩展人们享有真实自由的一个过程，聚焦于人类自由的发展观与狭隘的经济发展观形成了鲜明的对照。"他指出，狭隘的经济发展观往往是单纯追求国民生产总值GNP的增长或个人收入的提高。

在人类学里专门有个分支叫发展人类学，基本的问题就是：什么是发展，发展为了谁，谁从发展中获益。

李楯（清华大学教授）：非物质文化遗产为什么要保护？对人类来说，我们要保护的非物质文化遗产都是濒临灭绝的，是工业化的整齐划一和计划经济体制的整齐划一的后果。中国共产党的早期领导人说，试看明日的环球，必是赤旗的世界，世界一片红，这是最美的。后来的领导人在纪念中国共产党成立90周年的"七一讲话"，在联合国各国元首"千年峰会"上讲，我们要面对一个多彩的世界，这种多样性才是人类发展的动力。这是历史的进步。

防止过度商业化

张小军：文化保护目前的困境主要是来自盲目的现代化、城市化，过度的商业化和行政化。我曾负责2007年贵州世界银行的项目，当时就提出适度商业化的原则。不能把民族非物质文化遗产简单地当作买卖的商品。

有学者列举了一些国家在文化保护方面的成功例子。比如不丹，1974年开放边境，每年只允许1000名游客进入，每名游客至少要付1000美元进行为期一周的旅游，而且只能走固定的路线。在这种高端的旅游下，村民和游客之间没什么直接冲突。1988年不丹政府关闭了一些寺院，拒绝向外来者开放，他们认为旅游业的发展，日益增强了僧侣的物质思想，游客不断向年轻的僧侣送象征性的礼物，如钱、糖块、铅笔。这是一种极端控制的文化保护，不一定完全对，但可以思考。

在秘鲁马丘比丘古城，没有垃圾桶、厕所，不准带任何软饮料。

这是世界上比较成功的文化保护做法。我国的丽江，已经受到了联合国教科文组织的批评，2007年就给了红牌。

民族文化需要与时俱新

谢庆生（贵州省副省长）：讲“返璞归真”有问题，民族文化是向前发展的，要站在很高的视点去看“原生态”，你认为它应该在封闭的状态，也不对，文化一定会进步，但要保护它的多样性。

邓敏文（中国社科院少数民族文学研究所研究员，侗族）：侗族大歌的原生形态就不是现在这样，“原汁原味”的侗族大歌，只存在于猜想中。侗族大歌如何发展？我提几个具体问题供商讨：

侗族大歌要不要产业化和市场化？

在市场经济环境中，艺术产业化和市场化是必由之路，侗族大歌也不例外。文学艺术家们不能空着肚子写作、绘画、跳舞、唱歌，侗族歌手们也不能空着肚子演唱侗族大歌！

侗族大歌要不要走出侗乡、走进城市？

文化的实质是“人化”。工业化、城市化、信息化已成为社会发展的主潮。读书、打工、经商、升官都要进城。侗族村寨只剩下留守老人和儿童，绝大多数青年男女都到城里去了。如果侗族大歌不能“与时俱进”，就只有死路一条！岩洞农民大歌队的主力队员大多四五十岁以上，二三十岁的男女青年已为数不多，而且流动性很大。为了求生、传承、发展，侗族大歌必须从侗族村寨走进学校，走进县城、州城、省城乃至国内外各大都市。当然，侗族大歌在城市化进程中，千万不要遗弃它固有的生存基础——侗族村寨。如果没有这个基础，侗族大歌也会死无葬身之地！

侗族大歌自身要不要发展创新？

一成不变的艺术没有生命力，最多只能算作一种“艺术遗产”或“文化遗产”。《诗经》、楚辞、汉赋等都属于这样的文化遗产。我们不能在文化领域总当“啃老族”啊！侗族大歌也必须随着社会发展，随着人们审美观念的变化而变化，否则它也不可能有顽强的生命力。

首先是演唱形式的创新。传统侗族大歌基本上都是由男歌队和女歌队在侗寨鼓楼里或歌堂里坐着“闭目长歌”。如今侗族大歌已经走出鼓楼，走出侗寨，登上舞台，乃至登上各级各类电视台。

其次是内容和曲调的创新。我在岩洞、黄岗等地听到过黄岗农民大歌队演唱过一首他们新编的侗族大歌《Kgal Dax Gongh》（《打工之歌》）。侗族大歌是可以用来歌唱新生活、新事物的。

传统侗族大歌只用侗语演唱，只有当地歌师、歌手及当地部分民众理解其中的深刻含义。即便是懂侗语的外地人或普通听众，都很难领会每首歌的深刻内容。怎么办？要不要将传统侗族大歌翻译成现代汉语或其他兄弟民族、兄弟国家的语言来演唱？这是目前我们面临的一个重大难题！

有人质疑：用汉语、英语、日语演唱的歌还能叫侗族大歌吗？我只想反问质疑者：汉语版《樱花》还能叫日本民歌吗？汉语版《在莫斯科郊外的晚上》还能叫俄罗斯歌曲吗？如果我们的《Nyanl Maenl NaihLil》（《美好时光》）也像《Happy New Year》（《新年快乐》）那样能用各种语言演唱，那该多好啊！

李楯：我不反对创新和任何商业演出，那是一种表达自由。但英语很强势，用意大利语唱的古典歌剧也没有用英语唱。我们经常讲，传统的非物质文明遗产开掘太慢，要赶上时代，但交响乐和芭蕾舞都不赶时代。我认为，要给那些完全遵从传统的人留下一点空间。现在，商业演出挤得民间的口传心授、师徒相传几乎没有了。既然是传承，当然会有变。但这是文化自身的变，还是另一种文化的入侵？

要区别活文化和死文物。放在博物馆里的是死文物，青铜大鼎的价值不得了，但它是死文物。生活中，祭祖也不会摆出它，也不会用它来煮菜。活文化是保存在生存方式中，离开了生活就只能保藏死文物。唱歌的人如果离开了他们的生存方式，歌恐怕就唱不下去了。

现在是什么都搞项目，大家就琢磨怎么写报告才能批钱。有些事是要长远考虑，本地的乡村人才是文化的主体，他们要有自由选择的空间。有了自主选择，如果它仍然消亡了，那就没有办法。不管是自然遗产，还是文化遗产，都会消亡。如果由于外部原因消亡，这是不应该的。

文化需要活化传承，培养传人

陈哲（“土风计划”理事长）：我这20年只做了一件事：进山。最初想收集整理，把中国的音乐元素介绍给社会和世界，但后来转化为一种社会工作。大多是在广西、贵州、四川、云南的少数民族地区、边远地区，进行文化探索。我们希望用这种方式，测度整个传承的可能性。

做了这么多年工作后，形成了一些认知，叫“土风计划”的ABC理念，活化传承。民族的传承，最早的形态是静态传承，建博物馆，搜集整理图书，切片式固化传承。“土风计划”后来做的是活化传承。一个民族的子女在哪儿？可以把声音固化下来，做成唱片，传到世界，但该民族的后继人是谁？谁来继续创作音乐？这是最主要的问题。

ABC理念就像一棵树，树的根部是整个支撑，是基因，树干是中枢，树冠是花朵或光合作用。大树的维系在于它的树根、树干和树梢的能量交换，壮大自己，但产生的果实是给社会的，是为了传播自己。灿烂的花果要传达给社会，越远越好，这是商业和社会操作，是开放式的。

要保护的是基因，农村村寨是整个根文化的资源地和持有地。这个基础一旦丧失，中华文明的多样性就会整体蜕变。

乡村现在的问题，是人。不管怎么保育，如果族人们没有继承者，民族就是虚的。很多人，自己的母语不会，歌曲不会，民族文化不会，并不比我们强多少。现在是大树的根受到阻挠，土壤在改变，污染在妨碍它，高楼大厦遮住了它，年轻人跑掉了，优秀者离开自己家乡。没有土壤怎么让根文化传续下去？我不赞成盲目地城乡一体化，不赞成下人头令，要求每个村必须有多少打工者，那是倒根式发展。一个族群总共就那么几千几万人，接续都没有，保育老头吗？如果族群没有一群人，整个民族会消亡掉，消亡的民族不可挽救。

第二个问题就是自组织传承的问题。在文化传承中要注意两个问题，一是第三代传承人，一是村寨自组织。NGO、政府的工作是扶持帮助培训村寨的自组织站起来，有效地在自己的体系内，利用自己的规则进行文化传承。

“土风计划”近年已升级成云南省政府的文化项目，把近20年的各个组织机构、不同层面的工作成果和村寨都划进来，选择了30个示范村，将来要到50个，把它们连接起来，希望每个村能以自己的方式和特点把文化传承的模式总结出来，连成一条线，中国少数民族文化的地平线还在，没有消失。这是现在要走的路。

这个示范工程主要的重点就是两个：第一，把资金全部输进村寨；第二，培育和激励本村的自组织做事。将来会对本村的自组织进行多方面的沟通、引导、培育，让族人们站在舞台上。“土风计划”做得好，一定能培育第三代传承人，他本身就是民族文化坚实的传承者，各种武艺全在身上，能跟我们对流，表述自己村寨的愿望，第一时间、第一语言地告诉社会希望我们做什么，他了解我们，知道我们在哪里，也知道自己在哪里，这就是使者性传承人。使者传承需要教育、社会支持，重点是族人的后续，而不是空讲理论。

李楯：乡村是要自组织，但乡村实际处于一种长时期的被动员的状态。

不能忽视文化生态保护

张小军：在发展领域可以提炼八个人类发展的基本的品质。第一是人权，对应人的发展；第二是文化自由，对应多样性发展；第三是生态和环境，对应可持续发展；第四是公平，对应平等发展；第五是赋权，对应民主发展；第六是互换，对应参与发展；第七是包容，对应众生发展；第八是责任，对应团结发展。这八个发展品质是做文化保护、乡村保育的重要基础。

和文化保护相关的文化自由的概念，是由1998年诺贝尔经济学奖获得者阿玛蒂亚·森提出的。联合国计划开发署从1990年开始每年有一个《人类发展报告》，每一年的报告都有一个主题，比如说妇女、扶贫、民主等等。2004年的《人类发展报告》的主题是“多样性世界里的文化自由”。报告明确指出，人类必须在不受歧视的情况下，有文化认同的自由。文化自由是一种人权，也是人类发展的一个重要方面。

2003年《保护非物质文化遗产公约》特别强调承认各群体，尤其是土著群体、各团体、个人，在非物质文化遗产的创作、保护、保养和创新方面发挥重要作用。

民族文化遗产是当地人民上千年积累的文化财富，是群体和个体传承的天赋财产，他们对其非物质文化的遗产拥有天赋的权利，并优先享有与之相关的全部利益。任何外部机构、企业或个人都无权以任何方式强行占有其文化遗产。所以，当地人民才是自己文化的真正主人。

有三个概念，首先是文化自杀。我们现在面对文化自杀和文化他杀，我们是不是参与了文化他杀？不知道，要静下心来想。其次是文化自觉。第三是文化自由。少数民族文化村寨保育里有几个非常重要的原则。

第一个原则是自我造血。第二是双生态保护，不能光提自然生态保护，忽视文化生态的保护。文化生态也有污染，也要保护。第三是外部元素有条件地谨慎参与。不能我们在台上讲，老百姓在台下听，要防止一些自以为是的做法破坏文化的根基。

最后，要反对简单的扶贫模式。很多NGO都希望扶贫，但谁是贫困者？有三种贫困：资源贫困、制度贫困和文化贫困。现在国内很多的扶贫，虽然资源性的扶贫扶了一点，但结果是他们文化的贫困加剧。

如何让农村人有尊严地生活

李楯：首先是农村问题，比如城乡平权，然后才是文化传承、保护问题。中国经过了两个整齐划一：一是别国都经历的工业化的整齐划一，这对传统的文化有很多摧毁；二是计划经济体制的整齐划一。

我们确实有发展道路选择上的失误，要修复人心、修复社会、修复生态。农村价值是什么？让农村和城市一样，是不是就好了？不是。在生计就业、生存质量上，在价值选择和心态上，你的人生设计、家庭计划，在审美、文化传承、人际关系上，农村和城市有很多不同。如果农村只知模仿城市，再好也比城市差一截。

农村生活不同于城市生活。你可以植树、种花，可以钓鱼、养一条大狗，在北京市你可以养吗？你是白领，得定时上班，听领导的话，在农村会有更大的自由。你可以和全家人共同生活，共同享受。中国传统的耕织文明，有“采菊东篱下，悠然见南山”的一面，有“小桥流水人家”的乡村风貌和历史文化底蕴。最好的情况是，希望选择城市生活的人，能够进城，在城里有尊严地活着，希望选择在农村生活的人，在农村同样活得非常好，有尊严，而不是农村追着城市。做到这一点，需要做到什么？

首先，要有不动产制度的改革。如果这块土地今天是我的，明天就被征走搞旅游，怎么可能美好？

其次，只有有覆盖全体国民的社会保障制度，农村人才能安心生活。财政更多地投向公共服务，城乡均等享有。在北京卖一块国有土地，收益属于13亿人。贵州山区的一个老乡不能参与决策，他能不能分享这个利益？

再次就是要有真正的自治，把村民自治法做实。

最后，还有农业补贴的一系列政策。这些做好了，生活在此地的人才能安心地唱歌，有尊严地唱歌。

农村的问题解决好了，非物质文化遗产的保存也就解决好了。